SE 07

Curso

*La diferencia entre aprobar
y sacar plaza*

Auxiliar Administrativo/a

AYUNTAMIENTO DE LAS PALMAS DE GRAN CANARIA

Si aún no dispones de tu **Curso MAD360**, te ofrecemos un acceso GRATIS de 30 días para que disfrutes de los siguientes recursos:

- Técnicas de Memoria 360.
- MADTEST Test *online* Nivel PRO.
- Temario en formato digital.
- Vídeos.
- Esquemas.
- Planificación de estudio.
- Foro entre opositores hasta la fecha del examen.*
- Recursos y novedades exclusivas.
- Consúltanos sobre tu oposición y proceso selectivo.
- Actualizaciones legislativas (Boletines Oficiales) hasta 60 días antes de la fecha del examen.*

AF212458

Para acceder a esta prueba del Curso MAD360** será necesaria la compra de todos los libros para esta especialidad de la edición 2025.

Regístrate en **mad.es/iniciar-sesion** y en la pestaña BIBLIOTECA valida los códigos que encuentras en la última página de tus libros.

NOTA IMPORTANTE:

* Examen de esta categoría profesional correspondiente a la convocatoria publicada en el BOP núm. 136, de 12 de noviembre de 2025, o hasta el 31 de diciembre de 2026, lo que se cumpla antes, y previa renovación del servicio.

** El acceso al CURSO MAD360 estará disponible desde diciembre de 2025 (algunos recursos podrían estar disponibles en fecha posterior). Tendrá una duración de 30 días RENOVABLES mediante pago, desde la validación de códigos, o hasta el 30 de junio de 2027, lo que se cumpla antes.

MAD se reserva el derecho a ampliar dichas fechas.

Auxiliar Administrativo/a del Ayuntamiento de Las Palmas de Gran Canaria

Diciembre 2025

Auxiliar Administrativo/a del Ayuntamiento de Las Palmas de Gran Canaria

Test del Temario

LIDIA MARINA PONCE MARTÍNEZ
LICENCIADA EN PSICOLOGÍA

FRANCISCO JESÚS TORRES FONSECA
LICENCIADO EN DERECHO

JOSÉ ANTONIO GUERRERO ARROYO
CUERPO SUPERIOR DE LETRADOS

© 7 Editores Recursos para la Cualificación Profesional y el Empleo, S.L. (7 Editores)
© Los autores
Primera edición, diciembre 2025 (144 páginas)
Derechos de edición reservados a favor de 7 Editores
IMPRESO EN ESPAÑA
Diseño Portada: 7 Editores
Edita: 7 Editores
Avda. San Francisco Javier, 9 · Edificio Sevilla 2 · Planta 11 · Módulos 25-27 · 41018 Sevilla
Teléfono: 954 784 411 · WEB: www.mad.es · e-mail: administracion@7editores.com
ISBN: 979-13-702-8308-7

Índice

TEST N.º 1

**La Constitución Española de 1978: estructura y contenido.
Derechos y deberes fundamentales. Su garantía y suspensión.
El Tribunal Constitucional. El Defensor del Pueblo
(arts. 1 a 55) y (arts.159 a 165)**

1. ¿En qué se fundamenta la Constitución Española?

a) En un Estado social y democrático de Derecho.
b) En la indisoluble unidad de la Nación española.
c) En la independencia de los poderes del Estado.
d) En la organización territorial del Estado.

2. Según el artículo 3 de la CE, el castellano es la lengua oficial del Estado y todos los Españoles:

a) Tienen el deber de usar y el derecho de conocer el castellano.
b) Tienen el derecho y el deber de conocer el castellano.
c) Tienen el deber de conocer y el derecho de usar el castellano.
d) Tienen el derecho de conocer y usar el castellano.

3. La Constitución Española reconoce y garantiza el derecho a la autonomía:

a) De las nacionalidades que la integran.
b) De las regiones que la integran.
c) De las Comunidades Autónomas que la integran.
d) De las nacionalidades y regiones que la integran.

4. El Preámbulo de la Constitución:

a) Tiene en sí carácter de norma jurídica.
b) Es una declaración de intenciones, destinada a interpretar lo que se quiere alcanzar con el contenido normativo de la Constitución.
c) Se trata de un texto sin fuerza jurídica de obligar.
d) Las respuestas b) y c) son correctas.

11

5. Señala la afirmación correcta, respecto de la aprobación, ratificación y publicación de la Constitución Española:

a) Aprobada por las Cortes el 31 de octubre de 1978, ratificada por el pueblo en referéndum el 6 de diciembre de 1978 y publicada el 29 de diciembre de 1978.
b) Aprobada por las Cortes el 30 de octubre de 1978, ratificada por el pueblo en referéndum el 16 de diciembre de 1978 y publicada el 27 de diciembre de 1978.
c) Aprobada por las Cortes el 31 de octubre de 1978, ratificada por el pueblo en referéndum el 16 de diciembre de 1978 y publicada el 29 de diciembre de 1978.
d) Aprobada por las Cortes el 10 de octubre de 1978, ratificada por el pueblo en referéndum el 26 de diciembre de 1978 y publicada el 30 de diciembre de 1978.

6. ¿En qué parte de la Carta Magna se establece la exposición de motivos que impulsan la norma constitucional y los objetivos que con ella se pretenden alcanzar?

a) En el Título preliminar.
b) En el Preámbulo.
c) En el Título I.
d) En el Título II.

7. La Constitución Española fue sancionada por:

a) El Rey.
b) El Presidente del Congreso.
c) Las Cortes Generales.
d) El Presidente del Gobierno.

8. ¿Cuáles de los siguientes españoles de origen pueden ser privados de su nacionalidad?

a) Exclusivamente los miembros de grupos terroristas.
b) Los miembros de grupos terroristas y los que atenten contra el Rey u otro miembro de la Casa Real.
c) Los que atenten contra un miembro de la Familia Real o del Gobierno de la Nación.
d) Ningún español de origen podrá ser privado de su nacionalidad.

9. Según la CE son fundamentos del orden político y la paz social:

a) La dignidad de la persona, los derechos violables que les son inherentes y el respeto a la ley.
b) La dignidad de la persona, el desarrollo limitado de la personalidad y el respeto a la ley.
c) El respeto a la ley, a los reglamentos administrativos y demás disposiciones legales.
d) La dignidad de la persona, los derechos inviolables que le son inherentes, el libre desarrollo de su personalidad, el respeto a la ley y a los derechos de los demás.

10. ¿Cuál de los siguientes es considerado por la CE como uno de los valores superiores del ordenamiento jurídico?

a) La jerarquía normativa.
b) El pluralismo político.

c) La publicidad normativa.
d) La equidad.

11. La forma política del Estado español es:

a) Democracia parlamentaria.
b) Gobierno parlamentario.
c) Monarquía parlamentaria.
d) República democrática.

12. La parte de la CE que regula la estructura de los principales órganos del Estado recibe el nombre de:

a) Parte dogmática.
b) Parte orgánica.
c) Parte estatal.
d) Parte estructural.

13. Según la CE, la soberanía nacional:

a) Corresponde a las Cortes Generales, al estar compuestas por los representantes del pueblo.
b) Corresponde al Rey.
c) Reside en el pueblo español.
d) Corresponde al Gobierno de la Nación elegido directamente por el pueblo.

14. El derecho a la propiedad en nuestra Constitución es un Derecho:

a) Inherente a la condición humana.
b) Absoluto.
c) Limitado por la función social de la misma.
d) Ninguna de las respuestas anteriores es correcta.

15. ¿En qué parte de la Carta Magna se señalan los valores superiores del ordenamiento jurídico?

a) En el Preámbulo.
b) En el Título Preliminar.
c) En el Título I.
d) Ninguna respuesta es correcta.

En MADTEST tienes **más preguntas de este tema**, y todos tus avances quedan registrados y se reflejan en el ranking.

¡Supera tus límites con MADTEST!

Solución al test n.º 1

1. b) En la indisoluble unidad de la Nación española.

2. c) Tienen el deber de conocer y el derecho de usar el castellano.

3. d) De las nacionalidades y regiones que la integran.

4. d) Las respuestas b) y c) son correctas.

5. a) Aprobada por las Cortes el 31 de octubre de 1978, ratificada por el pueblo en referéndum el 6 de diciembre de 1978 y publicada el 29 de diciembre de 1978.

6. b) En el Preámbulo.

7. a) El Rey.

8. d) Ningún español de origen podrá ser privado de su nacionalidad.

9. d) La dignidad de la persona, los derechos inviolables que le son inherentes, el libre desarrollo de su personalidad, el respeto a la ley y a los derechos de los demás.

10. b) El pluralismo político.

11. c) Monarquía parlamentaria.

12. b) Parte orgánica.

13. c) Reside en el pueblo español.

14. c) Limitado por la función social de la misma.

15. b) En el Título Preliminar.

La Organización territorial del Estado: las Comunidades Autónomas: Constitución y distribución de competencias entre el Estado y las Comunidades Autónomas (arts. 137 a 158)

1. Según la Constitución, las entidades que forman parte de la organización territorial del Estado tienen la nota común de:

a) Autogobierno.
b) Independencia.
c) Autonomía.
d) Financiación propia.

2. La titularidad de la soberanía española radica en el/las:

a) Cortes Generales como representantes del pueblo español.
b) Rey como Jefe del Estado.
c) Pueblo mismo.
d) Nacionalidades y regiones que integran España.

3. No pueden constituirse en Comunidades Autónomas los territorios:

a) Que no estén integrados en la organización provincial.
b) Que, no siendo superiores a una provincia, tengan entidad regional histórica.
c) Que, no siendo superiores a una provincia, no tengan entidad regional histórica.
d) Interinsulares.

4. La vía ordinaria de acceso a la autonomía por el artículo 143 de la Constitución se sigue por los/las:

a) Provincias con entidad regional histórica.
b) Territorios que en el pasado hubieren plebiscitado afirmativamente proyecto de Estatuto de Autonomía.
c) Provincia sin entidad regional histórica directamente.
d) Supuestos especiales de Ceuta, Melilla y Gibraltar.

5. Entre las determinaciones de los Estatutos de Autonomía no es necesario incluir la:

a) Delimitación de su territorio.
b) Denominación de las instituciones autónomas propias.
c) Denominación de la Comunidad.
d) Denominación, organización y sede de sus instituciones administrativas.

6. En las Comunidades Autónomas que siguen la vía común, el Proyecto de Estatuto será elaborado por la/los:

a) Asamblea de Parlamentarios que se constituye al efecto.
b) Comisión Constitucional del Congreso de los Diputados.
c) Diputación Provincial correspondiente.
d) Miembros de la Diputación u órgano interinsular y por los Diputados y Senadores elegidos por ellas.

7. El voto de ratificación por los Plenos del Senado y del Congreso de los Diputados se dará en el/las:

a) Comunidades Autónomas que siguen la vía común.
b) Comunidades Autónomas que siguen la vía especial.
c) Acceso a la autonomía de Ceuta y Melilla.
d) Acceso a la autonomía de Gibraltar.

8. La responsabilidad política del Presidente de una Comunidad Autónoma se exige por el/la:

a) Sala de lo Penal del Tribunal Supremo.
b) Congreso de los Diputados.
c) Tribunal Superior de Justicia de la Comunidad Autónoma.
d) Asamblea Legislativa de la Comunidad Autónoma.

9. La Asamblea Legislativa de las Comunidades Autónomas se elige:

a) Con criterios de representación territorial.
b) Con criterios de representación proporcional.
c) Por sufragio individual.
d) Con criterios de representación provincial.

10. El principio de coordinación con la Hacienda estatal se consigue por:

a) El Fondo de Compensación Interterritorial.
b) Los preceptos de las sucesivas Leyes de Presupuestos Generales del Estado.
c) La creación del Consejo de Política Fiscal y Financiera de las Comunidades Autónomas.
d) Imperativo de la propia Constitución.

11. Los Estatutos de Autonomía deberán contener el/la/las:

a) Competencias que se dejan al Estado y las que asume la Comunidad.
b) Competencias que, en función de la Constitución, asume cada Comunidad Autónoma.
c) Desarrollo de la Administración Autonómica.
d) División provincial y órganos de gobierno.

12. En la reforma de los Estatutos intervienen las Cortes Generales:

a) Siempre.
b) Nunca.
c) Sólo cuando se trata de Comunidades Autónomas que accedieron por la vía común.
d) En las Comunidades Autónomas de vía especial exclusivamente.

13. Los miembros de las Diputaciones u órganos interinsulares intervienen en la elaboración de los Estatutos de Autonomía:

a) En todo caso.
b) Nunca.
c) En las Comunidades Autónomas de vía común.
d) En las Comunidades Autónomas de vía especial.

14. Los Estatutos de Autonomía en la vía común se aprueban por el:

a) Congreso de los Diputados mediante Ley Orgánica.
b) Congreso de los Diputados y Senado por Ley Orgánica.
c) Congreso de los Diputados y Senado por Ley ordinaria.
d) Parlamento Autonómico solamente.

15. La más alta representación de una Comunidad Autónoma la ostenta el:

a) Presidente del Parlamento Autonómico.
b) Presidente de la Comunidad Autónoma.
c) Rey.
d) Presidente del Gobierno de la Nación.

En MADTEST tienes **más preguntas de este tema**, y todos tus avances quedan registrados y se reflejan en el ranking.

¡Supera tus límites con MADTEST!

Solución al test n.º 2

1. c) Autonomía.

2. c) Pueblo mismo.

3. d) Interinsulares.

4. a) Provincias con entidad regional histórica.

5. d) Denominación, organización y sede de sus instituciones administrativas.

6. d) Miembros de la Diputación u órgano interinsular y por los Diputados y Senadores elegidos por ellas.

7. b) Comunidades Autónomas que siguen la vía especial.

8. d) Asamblea Legislativa de la Comunidad Autónoma.

9. b) Con criterios de representación proporcional.

10. c) La creación del Consejo de Política Fiscal y Financiera de las Comunidades Autónomas.

11. b) Competencias que, en función de la Constitución, asume cada Comunidad Autónoma.

12. a) Siempre.

13. c) En las Comunidades Autónomas de vía común.

14. b) Congreso de los Diputados y Senado por Ley Orgánica.

15. b) Presidente de la Comunidad Autónoma.

TEST N.º 3

El Estatuto de Autonomía de Canarias: Título III. Organización territorial de Canarias (arts. 64 a 76). Título V. De las competencias (arts. 94 a 102)

1. Según el artículo 64 del Estatuto de Autonomía, la organización territorial de Canarias se articula en:

a) Islas y provincias.
b) Islas, municipios y comarcas.
c) Islas y municipios.
d) Islas, municipios y cabildos.

2. La autonomía de islas y municipios se ejerce:

a) Sin límites legales.
b) Bajo la supervisión directa del Estado.
c) En el marco de la Constitución, el Estatuto y las leyes.
d) Únicamente conforme a la legislación autonómica.

3. ¿Cuál de los siguientes no es un principio en la atribución de competencias?

a) Equidad.
b) Eficiencia.
c) Subsidiariedad.
d) Jerarquía administrativa.

4. El principio de máxima proximidad al ciudadano implica:

a) Centralización administrativa.
b) Delegación estatal preferente.
c) Asignación competencial al nivel más cercano al ciudadano.
d) Uniformidad competencial.

5. La isla de La Graciosa:

a) Tiene cabildo propio.
b) Es capital administrativa de Lanzarote.
c) Está agregada administrativamente a Lanzarote.
d) Pertenece a Fuerteventura.

6. ¿Cuál de los siguientes islotes está agregado a Fuerteventura?

a) Alegranza.
b) Montaña Clara.
c) Roque del Este.
d) La isla de Lobos.

7. Los cabildos insulares son:

a) Entidades locales básicas.
b) Órganos del Estado.
c) Instituciones de la Comunidad Autónoma de Canarias.
d) Delegaciones del Gobierno central.

8. Los cabildos asumen en la isla:

a) Funciones judiciales.
b) Competencias legislativas propias.
c) La representación ordinaria del Gobierno y la Administración autonómica.
d) Funciones estatales permanentes.

9. La capital de cada isla se fija:

a) Por ley estatal.
b) Por acuerdo municipal.
c) Donde se encuentra la sede del cabildo insular.
d) En el municipio más poblado.

10. La capital de la isla de La Palma es:

a) Los Llanos de Aridane.
b) Santa Cruz de La Palma.
c) El Paso.
d) Tazacorte.

11. La ley que regula la organización de los cabildos requiere:

a) Mayoría simple.
b) Dos tercios.

c) Mayoría absoluta del Parlamento de Canarias.
d) Unanimidad.

12. Son órganos necesarios del cabildo:

a) El pleno y las comisiones.
b) Presidencia y secretaría.
c) Pleno, presidencia, vicepresidencias y consejo de gobierno.
d) Junta de portavoces.

13. El pleno del cabildo insular:

a) Carece de control político.
b) Ejercita solo funciones reglamentarias.
c) Aprueba presupuestos y controla la acción del consejo de gobierno.
d) Ejerce únicamente funciones consultivas.

14. El consejo de gobierno insular:

a) Es órgano deliberante.
b) Ejerce la función ejecutiva del cabildo.
c) Tiene funciones legislativas.
d) Sustituye al pleno.

15. La elección de los miembros del cabildo se realiza mediante:

a) Sistema mayoritario.
b) Elección indirecta.
c) Representación proporcional.
d) Designación parlamentaria.

En MADTEST tienes **más preguntas de este tema**, y todos tus avances quedan registrados y se reflejan en el ranking.

¡Supera tus límites con MADTEST!

Solución al test n.º 3

1. c) Islas y municipios.

2. c) En el marco de la Constitución, el Estatuto y las leyes.

3. d) Jerarquía administrativa.

4. c) Asignación competencial al nivel más cercano al ciudadano.

5. c) Está agregada administrativamente a Lanzarote.

6. d) La isla de Lobos.

7. c) Instituciones de la Comunidad Autónoma de Canarias.

8. c) La representación ordinaria del Gobierno y la Administración autonómica.

9. c) Donde se encuentra la sede del cabildo insular.

10. b) Santa Cruz de La Palma.

11. c) Mayoría absoluta del Parlamento de Canarias.

12. c) Pleno, presidencia, vicepresidencias y consejo de gobierno.

13. c) Aprueba presupuestos y controla la acción del consejo de gobierno.

14. b) Ejerce la función ejecutiva del cabildo.

15. c) Representación proporcional.

Ley 7/1985 Reguladora de las Bases de Régimen Local, Título II El Municipio (arts. 11 a 30). Título X Municipios de gran población (arts. 121 a 137 y Disposiciones Adicionales)

1. Entre las potestades y prerrogativas que tienen los municipios se encuentran:

a) La tributaria y financiera.
b) De revisión de oficio de sus actos y acuerdos.
c) Expropiatoria.
d) Todas las respuestas son correctas.

2. Los elementos del Municipio son:

a) El territorio, la población y la financiación.
b) El territorio, las instituciones y la organización.
c) La organización, la autonomía y el territorio.
d) La población, la organización y el territorio.

3. Según el Reglamento de Población y Demarcación Territorial de las Entidades Locales el término municipal es:

a) El territorio en que el Ayuntamiento ejerce su jurisdicción.
b) El territorio en que el Ayuntamiento ejerce sus competencias.
c) El territorio en que el Ayuntamiento ejerce su política.
d) Las respuestas b) y c) son correctas.

4. De acuerdo con lo dispuesto en la Ley de Bases de Régimen Local:

a) La creación de nuevos municipios solo podrá realizarse sobre la base de núcleos de población territorialmente diferenciados, de al menos 25.000 habitantes.
b) La creación de nuevos municipios solo podrá realizarse sobre la base de núcleos de población territorialmente diferenciados, de al menos 4.000 habitantes.
c) La creación de nuevos municipios solo podrá realizarse sobre la base de núcleos de población territorialmente diferenciados, de al menos 3.000 habitantes.
d) La creación de nuevos municipios solo podrá realizarse sobre la base de núcleos de población territorialmente diferenciados, de al menos 250.000 habitantes.

5. ¿La alteración de términos municipales podrá suponer la modificación de los límites provinciales?

a) Solo en casos excepcionales.
b) En ningún caso.
c) Cuando concurran los requisitos establecidos en la ley.
d) Sí.

6. En los casos de fusión de municipios:

a) El nuevo municipio se subrogará en todos los derechos y obligaciones de los anteriores municipios.
b) El nuevo municipio resultante de la fusión no podrá segregarse hasta transcurridos cien años.
c) El órgano del gobierno del nuevo municipio resultante estará constituido transitoriamente por la suma de los concejales de los municipios fusionados.
d) Las respuestas a) y c) son correctas.

7. Son derechos y deberes de los vecinos:

a) Contribuir mediante la aportación de sus bienes inmuebles a la realización de las competencias municipales.
b) Exigir la prestación y, en su caso, el establecimiento del correspondiente servicio público, en el supuesto de constituir una competencia municipal propia aunque no sea de carácter obligatorio.
c) Acceder a los aprovechamientos comunales.
d) Ejercer la iniciativa individual en los términos previstos en el art. 70 bis de la Ley de Bases de Régimen Local.

8. La inscripción de los extranjeros en el Padrón municipal:

a) Constituirá prueba de su residencia legal en España.
b) Iniciará el expediente de adquisición de la nacionalidad española.
c) No les atribuirá ningún derecho que no les confiera la legislación vigente.
d) Permitirá obtener un permiso de trabajo.

9. El padrón municipal es:

a) La base de datos donde constan los nombres de los vecinos.
b) El registro administrativo donde solo constan los domicilios de los vecinos.
c) El registro administrativo donde constan los vecinos de un municipio.
d) El registro administrativo donde solo constan los domicilios de los extranjeros del municipio.

10. La inscripción en el Padrón municipal contendrá como obligatorios los siguientes datos:

a) Las matrículas de los vehículos de los vecinos.
b) El número de identificación de los aparatos tecnológicos existentes en cada casa.

c) Los ascendientes que habitan en cada casa.
d) Ninguna de las respuestas es correcta.

11. Quien viva en varios Municipios:

a) Deberá inscribirse únicamente en el Padrón municipal del municipio en el que habite durante más tiempo al año.
b) Deberá inscribirse únicamente en el Padrón municipal del municipio en el que tenga su lugar de trabajo.
c) Deberá inscribirse únicamente en el Padrón municipal del municipio en el que haya nacido.
d) Deberá inscribirse en el Padrón municipal de todos los municipios.

12. ¿Existe Padrón de españoles residentes en el extranjero?

a) Sí.
b) No.
c) Sí, y su formación se realizará por la Administración General del Estado.
d) Solo para aquellos que se encuentren en la Unión Europea.

13. La organización municipal responde a las siguientes reglas:

a) El Alcalde, los Tenientes de Alcalde y el Pleno existen en todos los Ayuntamientos.
b) El Alcalde, la Junta de Gobierno y el Pleno existen en todos los Ayuntamientos.
c) El Alcalde y el Pleno existen en todos los Ayuntamientos.
d) El Alcalde y la Junta de Gobierno existen en todos los Ayuntamientos.

14. La Comisión Especial de Cuentas:

a) Existe en todos los municipios.
b) Existe en los municipios en que así se acuerde.
c) Existe en los municipios de más de 1000 habitantes.
d) Ninguna de las respuestas es correcta.

15. No es una atribución del Alcalde:

a) Aprobar la oferta de empleo público.
b) La aprobación del reglamento orgánico y de las ordenanzas.
c) Dictar Bandos.
d) Ejercer la jefatura de la Policía Municipal.

En MADTEST tienes **más preguntas de este tema**, y todos tus avances quedan registrados y se reflejan en el ranking.

¡Supera tus límites con MADTEST!

Solución al test n.º 4

1. d) Todas las respuestas son correctas.

2. d) La población, la organización y el territorio.

3. b) El territorio en que el Ayuntamiento ejerce sus competencias.

4. b) La creación de nuevos municipios solo podrá realizarse sobre la base de núcleos de población territorialmente diferenciados, de al menos 4.000 habitantes.

5. b) En ningún caso.

6. d) Las respuestas a) y c) son correctas.

7. c) Acceder a los aprovechamientos comunales.

8. c) No les atribuirá ningún derecho que no les confiera la legislación vigente.

9. c) El registro administrativo donde constan los vecinos de un municipio.

10. d) Ninguna de las respuestas es correcta.

11. a) Deberá inscribirse únicamente en el Padrón municipal del municipio en el que habite durante más tiempo al año.

12. c) Sí, y su formación se realizará por la Administración General del Estado.

13. a) El Alcalde, los Tenientes de Alcalde y el Pleno existen en todos los Ayuntamientos.

14. a) Existe en todos los municipios.

15. b) La aprobación del reglamento orgánico y de las ordenanzas.

La Ley 7/2015, de 1 de abril, de Municipios de Canarias: Título I. Del municipio y Título II Participación ciudadana y transparencia (arts 1 a 24)

1. La Ley 7/2015 garantiza la autonomía municipal, entre otras formas, mediante:

a) La facultad de los cabildos para reorganizar la estructura administrativa del municipio.
b) La posibilidad de que los municipios dicten normativa básica.
c) El reconocimiento de su personalidad propia y plena, así como la responsabilidad por sus actuaciones.
d) La obligación de ajustarse a una estructura administrativa uniforme para toda Canarias.

2. La atribución de competencias municipales por leyes sectoriales debe ajustarse a principios como:

a) Jerarquía administrativa entre municipios y cabildos.
b) Suficiencia financiera vinculada al equilibrio presupuestario estructural.
c) Preferencia de prestación insular de todos los servicios sociales.
d) Uniformidad competencial entre municipios de diferente población.

3. El principio de "garantía de autonomía municipal" implica que:

a) El municipio solo puede ejercer competencias exclusivas, nunca compartidas.
b) La Comunidad Autónoma debe asumir toda función que no sea estrictamente municipal.
c) Se atribuirán a los municipios las competencias de interés predominantemente vecinal, incluso si su ejercicio requiere cooperación interadministrativa.
d) Los cabildos supervisan obligatoriamente la organización interna municipal.

4. El principio de máxima proximidad determina que:

a) Las competencias prestacionales han de concentrarse en los cabildos.
b) Las funciones propias de planificación autonómica deben ser asumidas por los municipios.

c) Los servicios que afecten a intereses vecinales esenciales deben prestarse preferentemente por los Ayuntamientos.

d) La proximidad implica que los municipios asumen cualquier competencia con independencia de sus capacidades.

5. La igualdad en el acceso a servicios municipales debe garantizarse mediante leyes sectoriales que:

a) Establezcan idénticos niveles de prestación para todos los municipios.

b) Prohíban adaptar los servicios a circunstancias territoriales.

c) Introduzcan fórmulas que tengan en cuenta las diferencias demográficas, geográficas y funcionales entre municipios.

d) Exijan a los municipios pequeños integrarse en mancomunidades obligatorias.

6. La atribución de competencias propias a los municipios debe:

a) Ser asumida sin aportación de recursos autonómicos.

b) Ir acompañada de los traspasos de medios y recursos necesarios.

c) Establecer plazos mínimos de ejecución idénticos para todos los servicios.

d) Limitarse a los municipios de más de 20.000 habitantes.

7. El régimen de competencias delegadas se caracteriza porque:

a) El municipio adquiere la titularidad de la competencia delegada transcurridos cinco años.

b) Los cabildos pueden delegar competencias exclusivamente en municipios capitalinos.

c) La administración delegante conserva la titularidad y la delegación debe respetar estabilidad y sostenibilidad financiera.

d) La delegación permite duplicar servicios si ello mejora la cobertura.

8. Las competencias propias municipales pueden incluir materias como:

a) Solo las que otorgue la legislación básica estatal.

b) Empleo, vivienda, juventud, protección civil o urbanismo, atribuidas por leyes sectoriales autonómicas.

c) Exclusivamente los servicios mínimos fijados por el Estado.

d) Únicamente las que cuenten con financiación insular.

9. En los municipios de más de 20.000 habitantes, la asistencia del Cabildo requiere:

a) Solicitud de un tercio de los concejales.

b) Una petición del Alcalde acompañada de un proyecto de Convenio con identificación de necesidades y compromisos.

c) La aprobación previa del presupuesto municipal.

d) Un informe preceptivo del Ministerio competente.

10. Respecto a los servicios mínimos de residuos e incendios, el Cabildo debe prestarlos cuando:

a) Se solicite por mayoría simple del pleno municipal.

b) Exista informe desfavorable del Gobierno autonómico.

c) El municipio no los preste ni manifieste su voluntad de hacerlo en el plazo de dos meses otorgado por el Cabildo.

d) Haya transcurrido un ejercicio presupuestario sin implantación del servicio.

11. Para que prospere una segregación municipal, se requiere:

a) Acreditar una población mínima de 2.000 habitantes.

b) La aprobación de la Junta de Gobierno del cabildo.

c) Que el núcleo segregado tenga más de 5.000 habitantes y el municipio de origen conserve al menos la misma cifra.

d) La conformidad del Gobierno autonómico mediante Decreto.

12. En el procedimiento de creación de municipios, el Gobierno autonómico puede detener la tramitación si:

a) No existe unanimidad en los acuerdos plenarios.

b) Los cabildos emiten informes con observaciones.

c) Los municipios afectados no acreditan disponer de oficinas electrónicas.

d) Considera incumplidos los requisitos de viabilidad exigidos por la legislación básica de régimen local.

13. En las fusiones municipales mediante Convenio, el contenido obligatorio incluye:

a) La obligación de crear nuevas juntas de distrito.

b) La situación financiera y patrimonial de cada municipio, así como un plan de unificación de servicios y ordenanzas.

c) La integración obligatoria en una mancomunidad insular.

d) Un periodo mínimo de cinco años para armonizar la normativa.

14. Las Comisiones Gestoras tras la creación de un nuevo municipio se caracterizan porque:

a) Se eligen por sufragio universal tras la segregación.

b) Sus vocales son designados por el Pleno del cabildo insular correspondiente.

c) Se constituyen solo cuando el nuevo municipio supera 20.000 habitantes.

d) Actúan como órgano consultivo sin capacidad de gestión.

15. Entre los instrumentos de participación ciudadana, uno permite interacción digital entre ciudadanía y representantes municipales:

a) Las Juntas de Distrito.
b) El derecho de iniciativa popular.
c) El uso de redes sociales, herramientas web y nuevas tecnologías.
d) La intervención en sesiones plenarias.

En MADTEST tienes **más preguntas de este tema**, y todos tus avances quedan registrados y se reflejan en el ranking.

¡Supera tus límites con MADTEST!

Solución al test n.º 5

1. c) El reconocimiento de su personalidad propia y plena, así como la responsabilidad por sus actuaciones.

2. b) Suficiencia financiera vinculada al equilibrio presupuestario estructural.

3. c) Se atribuirán a los municipios las competencias de interés predominantemente vecinal, incluso si su ejercicio requiere cooperación interadministrativa.

4. c) Los servicios que afecten a intereses vecinales esenciales deben prestarse preferentemente por los Ayuntamientos.

5. c) Introduzcan fórmulas que tengan en cuenta las diferencias demográficas, geográficas y funcionales entre municipios.

6. b) Ir acompañada de los traspasos de medios y recursos necesarios.

7. c) La administración delegante conserva la titularidad y la delegación debe respetar estabilidad y sostenibilidad financiera.

8. b) Empleo, vivienda, juventud, protección civil o urbanismo, atribuidas por leyes sectoriales autonómicas.

9. b) Una petición del Alcalde acompañada de un proyecto de Convenio con identificación de necesidades y compromisos.

10. c) El municipio no los preste ni manifieste su voluntad de hacerlo en el plazo de dos meses otorgado por el Cabildo.

11. c) Que el núcleo segregado tenga más de 5.000 habitantes y el municipio de origen conserve al menos la misma cifra.

12. d) Considera incumplidos los requisitos de viabilidad exigidos por la legislación básica de régimen local.

13. b) La situación financiera y patrimonial de cada municipio, así como un plan de unificación de servicios y ordenanzas.

14. b) Sus vocales son designados por el Pleno del cabildo insular correspondiente.

15. c) El uso de redes sociales, herramientas web y nuevas tecnologías.

Reglamento Orgánico del Gobierno y de la Administración del Ayuntamiento de Las Palmas de Gran Canaria

1. La organización municipal se fundamenta en la idea de que los órganos necesarios del Ayuntamiento:

a) Pueden ser sustituidos por órganos delegados si así lo acuerda la Junta de Gobierno.
b) Dependen directamente del Cabildo insular.
c) Forman la estructura institucional mínima para garantizar la autonomía y el funcionamiento municipal.
d) Son elegidos por las asociaciones vecinales.

2. La composición del Pleno municipal se caracteriza porque:

a) Todos sus miembros son funcionarios de carrera elegidos por oposición.
b) Se integra únicamente por concejales no electos.
c) Es el órgano de representación política directa de la ciudadanía en el Ayuntamiento.
d) Incluye obligatoriamente a representantes del Cabildo.

3. En cuanto a las funciones del Pleno, una de sus competencias esenciales consiste en:

a) Resolver expedientes sancionadores ordinarios.
b) Ejecutar directamente obras y servicios.
c) Aprobar reglamentos, ordenanzas y decisiones de carácter estratégico municipal.
d) Dirigir los cuerpos de policía municipal.

4. El Alcalde, como órgano unipersonal, se caracteriza principalmente por:

a) Ser designado automáticamente por el Cabildo.
b) No poder ejercer funciones ejecutivas.
c) Ostentar la jefatura de la Administración municipal y la máxima representación del Ayuntamiento.
d) Ejercer únicamente funciones ceremoniales.

5. La capacidad del Alcalde para delegar funciones implica que:

a) Puede transferir al Pleno todas sus atribuciones sin límite.
b) Solo puede delegar en concejales del grupo político mayoritario.
c) Debe respetar aquellas atribuciones que sean indelegables por su propia naturaleza o por disposición normativa.
d) Puede delegar competencias propias en funcionarios municipales.

6. La Junta de Gobierno Local actúa como órgano colegiado encargado de:

a) Representar a todos los grupos políticos del municipio.
b) Dirigir la gestión administrativa y coordinar los servicios municipales bajo la autoridad del Alcalde.
c) Emitir informes de control financiero externo.
d) Sustituir al Pleno en las sesiones ordinarias.

7. Los Tenientes de Alcalde desempeñan una función esencial que consiste en:

a) Participar en la aprobación de reglamentos municipales.
b) Sustituir al Alcalde en los casos de vacante, ausencia o enfermedad, conforme al orden de prelación establecido.
c) Dictar decretos de delegación normativa.
d) Coordinar directamente todos los servicios municipales.

8. La existencia de órganos complementarios en el Ayuntamiento permite:

a) Reducir las funciones de los órganos necesarios.
b) Crear organismos que sustituyan al Pleno.
c) Adaptar la organización municipal a las necesidades específicas del municipio mediante órganos adicionales.
d) Establecer estructuras obligatorias para todos los Ayuntamientos.

9. Los distritos municipales se conciben como instrumentos para:

a) Centralizar los servicios en un único órgano rector.
b) Desconcentrar funciones y acercar la administración municipal a la ciudadanía.
c) Delegar la potestad reglamentaria del Ayuntamiento.
d) Transmitir competencias al Cabildo insular.

10. Uno de los fines de los distritos es favorecer la participación ciudadana mediante:

a) Elección directa de sus responsables entre las asociaciones vecinales.
b) Órganos con capacidad normativa propia.
c) Canales estables de comunicación y colaboración entre vecinos y Ayuntamiento.
d) Procesos electorales independientes de los municipales.

11. Las Juntas Municipales de Distrito tienen como una de sus funciones:

a) Elaborar el presupuesto municipal completo.
b) Proponer actuaciones y proyectos en el ámbito territorial del distrito.
c) Fiscalizar al Alcalde y a la Junta de Gobierno.
d) Aprobar ordenanzas municipales con eficacia plena.

12. Los organismos públicos vinculados al Ayuntamiento se crean para:
a) Sustituir a los órganos necesarios del municipio.
b) Garantizar la independencia absoluta de la Administración autonómica.
c) Gestionar servicios municipales mediante una estructura organizativa especializada.
d) Representar al municipio ante el Cabildo.

13. En relación con los organismos públicos, la Ley establece que:

a) Solo pueden tener naturaleza exclusivamente administrativa.
b) Deben estar dirigidos siempre por concejales electos.
c) Tienen personalidad jurídica propia y pueden ejercer funciones administrativas o de naturaleza empresarial.
d) Están obligados a financiarse únicamente con ingresos municipales.

14. Una de las finalidades del sector público municipal es:

a) Crear entidades que compitan con empresas privadas del sector.
b) Limitar la actividad administrativa a servicios esenciales.
c) Mejorar la eficiencia y especialización en la gestión de servicios municipales.
d) Sustituir las competencias de la Comunidad Autónoma.

15. La potestad de autoorganización municipal implica que:

a) Los municipios pueden aprobar normas contrarias a la legislación estatal.
b) El Cabildo puede reformar la organización interna del Ayuntamiento cuando sea conveniente.
c) El municipio puede adoptar su propia estructura organizativa dentro del marco legal establecido.
d) La organización municipal debe ser idéntica en toda la Comunidad Autónoma.

En MADTEST tienes **más preguntas de este tema**, y todos tus avances quedan registrados y se reflejan en el ranking.

¡Supera tus límites con MADTEST!

Solución al test n.º 6

1. c) Forman la estructura institucional mínima para garantizar la autonomía y el funcionamiento municipal.

2. c) Es el órgano de representación política directa de la ciudadanía en el Ayuntamiento.

3. c) Aprobar reglamentos, ordenanzas y decisiones de carácter estratégico municipal.

4. c) Ostentar la jefatura de la Administración municipal y la máxima representación del Ayuntamiento.

5. c) Debe respetar aquellas atribuciones que sean indelegables por su propia naturaleza o por disposición normativa.

6. b) Dirigir la gestión administrativa y coordinar los servicios municipales bajo la autoridad del Alcalde.

7. b) Sustituir al Alcalde en los casos de vacante, ausencia o enfermedad, conforme al orden de prelación establecido.

8. c) Adaptar la organización municipal a las necesidades específicas del municipio mediante órganos adicionales.

9. b) Desconcentrar funciones y acercar la administración municipal a la ciudadanía.

10. c) Canales estables de comunicación y colaboración entre vecinos y Ayuntamiento.

11. b) Proponer actuaciones y proyectos en el ámbito territorial del distrito.

12. c) Gestionar servicios municipales mediante una estructura organizativa especializada.

13. c) Tienen personalidad jurídica propia y pueden ejercer funciones administrativas o de naturaleza empresarial.

14. c) Mejorar la eficiencia y especialización en la gestión de servicios municipales.

15. c) El municipio puede adoptar su propia estructura organizativa dentro del marco legal establecido.

La Organización de la Unión Europea: El Consejo Europeo. El Consejo. El Parlamento Europeo. La Comisión Europea y el Tribunal de Justicia de la Unión Europea

1. El Tribunal de Justicia de la Unión Europea comprenderá:

a) El Tribunal de Justicia, el Tribunal General y los tribunales especializados.
b) El Tribunal de Justicia y el Tribunal General.
c) El Tribunal de Justicia, el Tribunal General, los tribunales especializados y el Tribunal de Primera Instancia.
d) El Tribunal de Justicia y los tribunales especializados.

2. El Consejo está compuesto por:

a) Un representante de cada Estado miembro, de rango ministerial, facultado para comprometer al Gobierno del Estado miembro al que represente y para ejercer el derecho de voto.
b) Los Jefes de Estado o de Gobierno de los Estados miembros, así como por su Presidente y por el Presidente de la Comisión.
c) Los Jefes de Estado o de Gobierno de los países miembros.
d) Todas son falsas.

3. Excepto cuando los Tratados dispongan otra cosa, el Consejo se pronunciará por:

a) Mayoría simple.
b) Unanimidad.
c) Mayoría cualificada.
d) Mayoría simple y cualificada.

4. ¿Cuál es el órgano ejecutivo de la Unión Europea?

a) El Consejo.
b) El Consejo Europeo.
c) La Comisión.
d) El Presidente de la Comisión.

5. Los miembros de la Comisión son nombrados por:

a) El Parlamento.
b) El Parlamento y el Consejo Europeo de forma conjunta.
c) El Consejo Europeo, por mayoría cualificada.
d) El Consejo, por mayoría cualificada.

6. Señala la respuesta verdadera:

a) El Parlamento Europeo y el Consejo estarán asistidos por un Comité Económico y Social y por un Comité de las Regiones que ejercerán funciones consultivas.
b) El Parlamento Europeo, el Consejo y la Comisión estarán asistidos por un Comité Económico y Social y por un Comité de las Regiones que ejercerán funciones consultivas.
c) El Parlamento Europeo, el Consejo, la Comisión y el Tribunal de Justicia estarán asistidos por un Comité Económico y Social y por un Comité de las Regiones que ejercerán funciones consultivas.
d) Todas las respuestas son falsas.

7. El Parlamento Europeo:

a) Estará compuesto por representantes de los ciudadanos de la Unión.
b) La representación de los ciudadanos será decrecientemente proporcional, con un mínimo de seis diputados por Estado miembro.
c) No se asignará a ningún Estado miembro más de noventa y seis escaños.
d) Todas las respuestas son verdaderas.

8. Los Diputados al Parlamento Europeo serán elegidos para un mandato de:

a) Cuatro años.
b) Seis años.
c) Cinco años.
d) Todas son falsas.

9. El presupuesto anual de la UE es decidido (aprobado):

a) Conjuntamente por el Consejo y el Parlamento, por un procedimiento especial.
b) Por el Parlamento.
c) Por la Comisión.
d) Por la Comisión y el Parlamento, por un procedimiento ordinario.

10. El Coreper es:

a) La representación de cada miembro ante la UE.
b) Un órgano de la Comisión.
c) Un órgano del Parlamento.
d) La reunión de los miembros de la Comisión.

11. La Mesa del Parlamento tiene los siguientes Vicepresidentes:

a) 14.
b) 15.
c) 16.
d) 5.

12. La Comisión se designa para un periodo de:

a) 5 años.
b) 6 años.
c) 4 años.
d) El que determine el Parlamento.

13. La sede de la Comisión está en:

a) Estrasburgo.
b) Bruselas.
c) Luxemburgo.
d) París.

14. El mandato de los miembros de la Comisión será:

a) Renovable por una sola vez.
b) Renovable.
c) No será renovable.
d) Renovable cuando así lo determine el Parlamento.

15. Los acuerdos de la Comisión se adoptarán:

a) Por unanimidad.
b) Por mayoría cualificada.
c) Por 2/3 partes.
d) Por mayoría del número de miembros.

En MADTEST tienes **más preguntas de este tema**, y todos tus avances quedan registrados y se reflejan en el ranking.

¡Supera tus límites con MADTEST!

Solución al test n.º 7

1. a) El Tribunal de Justicia, el Tribunal General y los tribunales especializados.

2. a) Un representante de cada Estado miembro, de rango ministerial, facultado para comprometer al Gobierno del Estado miembro al que represente y para ejercer el derecho de voto.

3. c) Mayoría cualificada.

4. c) La Comisión.

5. c) El Consejo Europeo, por mayoría cualificada.

6. b) El Parlamento Europeo, el Consejo y la Comisión estarán asistidos por un Comité Económico y Social y por un Comité de las Regiones que ejercerán funciones consultivas.

7. d) Todas las respuestas son verdaderas.

8. c) Cinco años.

9. a) Conjuntamente por el Consejo y el Parlamento, por un procedimiento especial.

10. a) La representación de cada miembro ante la UE.

11. a) 14.

12. a) 5 años.

13. b) Bruselas.

14. b) Renovable.

15. d) Por mayoría del número de miembros.

Derecho de acceso a la información pública. Ley 19/2013, de 9 de diciembre, de transparencia, acceso a la información pública y buen gobierno. Título I. Transparencia de la actividad pública (arts. 1 a 24)

1. En el Capítulo I del Título I: "Transparencia de la actividad pública" de la Ley 19/2013, concretamente en el art. 3, se señala que serán objeto de aplicación de las disposiciones las entidades privadas:

a) En cuyo capital social la participación, directa o indirecta, sea superior al 50 %.

b) Que perciban durante el período de un año ayudas o subvenciones públicas en una cuantía superior a 100.000 euros o cuando al menos el 40 % del total de sus ingresos anuales tengan carácter de ayuda o subvención pública, siempre que alcancen como mínimo la cantidad de 5.000 euros.

c) Con personalidad jurídica propia, vinculadas a cualquiera de las Administraciones Públicas o dependientes de ellas.

d) Que tengan atribuidas funciones de regulación o supervisión de carácter externo sobre un determinado sector o actividad.

2. En el ámbito de la Administración General del Estado, ¿a quién corresponde la evaluación del cumplimiento de los planes y programas anuales y plurianuales que las Administraciones Públicas deben publicar?

a) Al Ministerio para la Transformación Digital y de la Función Pública.

b) Al Tribunal de Cuentas.

c) Al Instituto Nacional para las Administraciones Públicas (INAP).

d) A las Inspecciones Generales de Servicios.

3. El Portal de la Transparencia contendrá información publicada de acuerdo con las prescripciones técnicas que se establezcan reglamentariamente que deberán adecuarse a los siguientes principios. Señala la respuesta incorrecta:

a) Accesibilidad.

b) Interoperabilidad.

c) Control.

d) Reutilización.

4. ¿Qué título de la Ley 19/2013 regula todo lo relativo a la "Transparencia de la actividad pública"?

a) Título I.
b) Título II.
c) Título III.
d) Título IV.

5. El cumplimiento de las obligaciones de publicidad activa derivadas de la Ley 19/2013, de 9 de diciembre, de transparencia, acceso a la información pública y buen gobierno, podrá realizarse utilizando los medios electrónicos puestos a su disposición por la Administración Pública de la que provenga la mayor parte de las ayudas o subvenciones públicas percibidas cuando se trate de entidades sin ánimo de lucro que persigan exclusivamente fines de interés social o cultural y cuyo presupuesto sea inferior a:

a) 50.000 euros.
b) 100.000 euros.
c) 200.000 euros.
d) 250.000 euros.

6. Según lo previsto en el artículo 18 de la Ley 19/2013, de 9 de diciembre, de transparencia, acceso a la información pública y buen gobierno, se inadmitirán a trámite, mediante resolución motivada, las solicitudes de acceso a la información:

a) Relativas a los intereses económicos y turísticos.
b) Relativas a la garantía de la confidencialidad o el secreto requerido en procesos de toma de decisión.
c) Relativas a información para cuya divulgación sea necesaria una acción previa de reelaboración.
d) Relativas a infraestructuras críticas.

7. El acceso a la información pública requiere:

a) Solicitud previa.
b) Acreditación de la condición de interesado.
c) Motivación expresa.
d) La utilización de medios telemáticos.

8. Cuando la información pública solicitada no contuviera datos especialmente protegidos, el órgano al que se dirija la solicitud concederá el acceso previa .... suficientemente razonada del interés público en la divulgación de la información y los derechos de los afectados cuyos datos aparezcan en la información solicitada, en particular su derecho fundamental a la protección de datos de carácter personal. Señala la palabra que falta:

a) Catalogación.
b) Acreditación.

c) Ponderación.
d) Identificación.

9. El incumplimiento reiterado de la obligación de resolver en plazo procedimientos de acceso a la información pública:

a) Tendrá la consideración de infracción grave.
b) Tendrá la consideración de infracción muy grave.
c) Tendrá la consideración de infracción leve.
d) No tendrá la consideración de infracción.

10. Frente a toda resolución expresa o presunta en materia de acceso podrá interponerse una reclamación ante el Consejo de Transparencia y Buen Gobierno, previo a su impugnación en vía contencioso-administrativa, con carácter:

a) Preceptivo.
b) Potestativo.
c) Colectivo.
d) Extraordinario.

11. Frente a toda resolución expresa o presunta en materia de acceso a la información pública podrá interponerse, con carácter potestativo y previo a su impugnación en vía contencioso-administrativa, una reclamación ante:

a) La Inspección de Servicios del Departamento correspondiente.
b) La Inspección de Servicios del Ministerio para la Transformación Digital y de la Función Pública.
c) El Consejo de Transparencia y Buen Gobierno.
d) El Instituto para la Evaluación de las Políticas Públicas.

12. Según el artículo 7 de la Ley 19/2013, de 9 de diciembre, de transparencia, acceso a la información pública y buen gobierno, relativo a la información de relevancia jurídica:

a) Las Administraciones Públicas, en el ámbito de sus competencias, publicarán los proyectos de Reglamento cuya iniciativa les corresponda.
b) Las Administraciones Públicas, en el ámbito de sus competencias, no publicarán los proyectos de Reglamento cuya iniciativa les corresponda.
c) Las Administraciones Públicas, en el ámbito de sus competencias, no podrán publicar los anteproyectos de ley hasta su aprobación.
d) Las Administraciones Públicas no podrán publicar los proyectos de decretos legislativos cuando se soliciten los dictámenes a los órganos consultivos.

13. Según la Ley 19/2013, de 9 de diciembre, de Transparencia, Acceso a la Información Pública y Buen Gobierno, el derecho de acceso podrá ser limitado cuando acceder a la información suponga un perjuicio para:

a) La seguridad pública.
b) La igualdad de las partes en los procesos judiciales y la tutela judicial efectiva.
c) La política económica y monetaria.
d) Todo lo anterior.

14. La motivación de una solicitud de acceso a la información, según la Ley 19/2013:

a) Es requisito ineludible para que se facilite la información.
b) Será causa de rechazo de la solicitud.
c) Las dos respuestas anteriores son ciertas.
d) Se deja a la decisión del solicitante.

15. La transparencia de la actividad pública, respecto a la casa de su Majestad el Rey:

a) No se aplica.
b) Se aplica en todas sus actividades.
c) Se aplica en sus actividades sujetas al Derecho Administrativo.
d) Se aplica solo en sus actividades de índole política.

Solución al test n.º 8

1. b) Que perciban durante el período de un año ayudas o subvenciones públicas en una cuantía superior a 100.000 euros o cuando al menos el 40 % del total de sus ingresos anuales tengan carácter de ayuda o subvención pública, siempre que alcancen como mínimo la cantidad de 5.000 euros.

2. d) A las Inspecciones Generales de Servicios.

3. c) Control.

4. a) Título I.

5. a) 50.000 euros.

6. c) Relativas a información para cuya divulgación sea necesaria una acción previa de reelaboración.

7. a) Solicitud previa.

8. c) Ponderación.

9. a) Tendrá la consideración de infracción grave.

10. b) Potestativo.

11. c) El Consejo de Transparencia y Buen Gobierno.

12. a) Las Administraciones Públicas, en el ámbito de sus competencias, publicarán los proyectos de Reglamento cuya iniciativa les corresponda.

13. d) Todo lo anterior.

14. d) Se deja a la decisión del solicitante.

15. c) Se aplica en sus actividades sujetas al Derecho Administrativo.

Derecho de acceso a la información pública. Ley Canaria 12/2014, de 26 de diciembre, de transparencia y de acceso a la información pública. Título I. Disposiciones generales. Título II. Publicidad de la información. Título III. Derecho de acceso a la información pública (arts. 1 a 39)

1. La cualidad que permite y facilita el acceso de los ciudadanos a la información pública en poder de la Administración dentro de los límites establecidos por la legislación vigente, se conoce como:

a) Accesibilidad.
b) Transparencia.
c) Objetividad.
d) Buen gobierno.

2. En virtud del artículo 5.3 de la Ley 19/2013, cuando la información pública contuviera datos especialmente protegidos, la publicidad sólo se llevará a cabo:

a) Previa disociación de los mismos.
b) Previo consentimiento de los afectados.
c) De forma personalizada.
d) De forma codificada.

3. Según la Ley 12/2014, ¿qué principio rige la obligación de publicar información por parte de las entidades incluidas en su ámbito de aplicación?

a) El principio de voluntariedad y discrecionalidad.
b) El principio de publicidad previa solo cuando exista solicitud ciudadana.
c) El principio de facilitar la información por medios electrónicos para garantizar la transparencia.
d) El principio de confidencialidad absoluta de toda la información administrativa.

4. En relación a la información sujeta a las obligaciones de transparencia, el artículo 2 de la Ley 12/2014 señala que, se adoptarán las medidas de gestión que hagan fácilmente su localización y:

a) Temporalidad.
b) Divulgación.
c) Estructura.
d) Conservación.

5. Según el artículo 2 de la Ley 12/2014, toda la información sujeta a la obligación de transparencia se publicará de una manera, para los interesados, clara, estructurada y:

a) Abierta.
b) Personalizada.
c) Resumida.
d) Entendible.

6. ¿A qué órgano corresponde la gestión y mantenimiento del Portal de Transparencia en la Administración autonómica?

a) Al Comisionado de Transparencia y Acceso a la Información Pública.
b) A la secretaría general técnica de cada consejería.
c) A la Consejería competente en materia de información pública.
d) A la Presidencia del Gobierno de Canarias.

7. Según lo previsto en el artículo 18 de la Ley 19/2013, de 9 de diciembre, de transparencia, acceso a la información pública y buen gobierno, se inadmitirán a trámite, mediante resolución motivada, las solicitudes de acceso a la información:

a) Relativas a los intereses económicos y turísticos.
b) Relativas a la garantía de la confidencialidad o el secreto requerido en procesos de toma de decisión.
c) Relativas a información para cuya divulgación sea necesaria una acción previa de reelaboración.
d) Relativas a infraestructuras críticas.

8. Señalar la opción incorrecta. El derecho de acceso a la información pública podrá ser limitado cuando acceder a la información suponga un perjuicio para:

a) Los intereses económicos y comerciales.
b) La garantía de la confidencialidad o el secreto requerido en procesos de toma de decisión.
c) El honor de los funcionarios o cargos directivos.
d) La protección del medio ambiente.

9. Señalar la opción incorrecta. La solicitud de acceso a la información pública podrá presentarse por cualquier medio que permita tener constancia de:

a) La identidad del solicitante.
b) La información que se solicita.
c) Una dirección de contacto, preferentemente electrónica, a efectos de comunicaciones.
d) La motivación de la solicitud.

10. No es una causa de inadmisión de las solicitudes de acceso a la información pública:

a) Que se refieran a información que esté en curso de elaboración o de publicación general.
b) Que se dirijan a un órgano en cuyo poder no obre la información.
c) Que sean manifiestamente repetitivas.
d) Que se refieran a información para cuya divulgación sea necesaria una acción previa de reelaboración.

11. ¿Qué debe publicar la Administración en materia de empleo en el sector público?

a) Solo el número total de empleados públicos.
b) La identidad del personal sin especificar su puesto.
c) Las relaciones de puestos de trabajo y el personal que los ocupa.
d) Únicamente los contratos de personal temporal.

12. En relación a la solicitud de acceso a la información pública, es cierto que:

a) Los solicitantes de información podrán dirigirse a las Administraciones Públicas en cualquiera de las lenguas cooficiales del Estado en el territorio en el que radique la Administración en cuestión.
b) El solicitante está obligado a motivar su solicitud de acceso a la información.
c) El solicitante podrá exponer los motivos por los que solicita la información, en cuyo caso deberán ser tenidos en cuenta cuando se dicte la resolución.
d) La ausencia de motivación será por si sola causa de rechazo de la solicitud.

13. Conforme al artículo 18.1 de la Ley 19/2013, las solicitudes referidas a información que tenga carácter auxiliar o de apoyo como la contenida en notas, borradores, opiniones, resúmenes, comunicaciones e informes internos o entre órganos o entidades administrativas:

a) Están obligadas a indicar el motivo de la solicitud.
b) Se admitirán previa ponderación suficientemente razonada del interés público en la divulgación de la información.
c) Se inadmitirán a trámite, mediante resolución motivada.
d) Se entenderán dotadas de un carácter abusivo no justificado con la finalidad de transparencia de esta Ley.

14. En materia de retribuciones, ¿qué información debe hacerse pública?

a) Solo el salario base del personal funcionario.
b) Únicamente las retribuciones de altos cargos.
c) Los recibos de nómina individuales escaneados.
d) Información general de retribuciones de altos cargos, directivos, personal de confianza y demás personal.

15. ¿Qué finalidad principal persigue el Portal de Transparencia según la Ley 12/2014?

a) Facilitar el acceso ciudadano a información pública ordinaria.
b) Sustituir a los boletines oficiales de publicación.
c) Centralizar los procedimientos administrativos internos.
d) Servir como repositorio de datos estadísticos de investigación.

En MADTEST tienes **más preguntas de este tema**, y todos tus avances quedan registrados y se reflejan en el ranking.

¡Supera tus límites con MADTEST!

Solución al test n.º 9

1. b) Transparencia.

2. a) Previa disociación de los mismos.

3. c) El principio de facilitar la información por medios electrónicos para garantizar la transparencia.

4. b) Divulgación.

5. d) Entendible.

6. c) A la Consejería competente en materia de información pública.

7. c) Relativas a información para cuya divulgación sea necesaria una acción previa de reelaboración.

8. c) El honor de los funcionarios o cargos directivos.

9. d) La motivación de la solicitud.

10. b) Que se dirijan a un órgano en cuyo poder no obre la información.

11. c) Las relaciones de puestos de trabajo y el personal que los ocupa.

12. a) Los solicitantes de información podrán dirigirse a las Administraciones Públicas en cualquiera de las lenguas cooficiales del Estado en el territorio en el que radique la Administración en cuestión.

13. c) Se inadmitirán a trámite, mediante resolución motivada.

14. d) Información general de retribuciones de altos cargos, directivos. personal de confianza y demás personal.

15. a) Facilitar el acceso ciudadano a información pública ordinaria.

Reglamento General de Protección de Datos, Reglamento (UE) 2016/679 del Parlamento Europeo y del Consejo de 27 de Abril de 2016: Capítulo I – Disposiciones Generales, Capitulo II - Principios, Capítulo III - Derechos del Interesado. (arts. 1 a 23). Ley Orgánica 3/2018, de 5 de diciembre, de Protección de Datos Personales y garantía de los derechos digitales: Título I, II, III y IV. (arts. 1 a 24)

1. ¿En virtud de qué principio previsto por el Reglamento General de Protección de Datos, los datos personales serán adecuados, pertinentes y limitados a lo necesario en relación con los fines para los que son tratados?

a) Principio de exactitud.
b) Principio de limitación de la finalidad.
c) Principio de responsabilidad proactiva.
d) Principio de minimización de datos.

2. Según el artículo 5 del *Reglamento (UE) 2016/679, de 27 de abril, relativo a la protección de las personas físicas en lo que respecta al tratamiento de datos personales y a la libre circulación de estos datos*, los datos personales serán tratados, en relación con el interesado, de manera lícita, leal y:

a) Fiable.
b) Segura.
c) Confidencial.
d) Transparente.

3. Según el *Reglamento (UE) 2016/679, de 27 de abril, relativo a la protección de las personas físicas en lo que respecta al tratamiento de datos personales y a la libre circulación de estos datos*, para poder considerar que el consentimiento del interesado para el tratamiento de sus datos personales es inequívoco:

a) Se requerirá declaración jurada del interesado donde manifieste su conformidad.
b) Se precisa contrato de cesión de datos personales.

c) Deberá existir una declaración del interesado o una acción positiva que manifieste su conformidad.

d) Bastará con el consentimiento por silencio, casillas ya marcadas o inacción.

4. ¿Cómo denomina el RGPD el tratamiento de datos personales de manera tal que ya no puedan atribuirse a un interesado sin utilizar información adicional, siempre que dicha información adicional figure por separado y esté sujeta a medidas técnicas y organizativas destinadas a garantizar que los datos personales no se atribuyan a una persona física identificada o identificable?

a) Seudonimización.
b) Anonimización.
c) Generalización.
d) Encriptación.

5. Según el artículo 3 de la LO 3/2018, los requisitos y condiciones para acreditar la validez y vigencia de los mandatos e instrucciones de las personas fallecidas respecto al acceso a los datos personales de éstas por parte de las personas o instituciones que designaran expresamente, serán establecidos:

a) Por medio de una Directiva europea.
b) Por Ley estatal.
c) Por Ley autonómica.
d) Por Real Decreto.

6. El artículo 4 de la LO 3/2018 señala que, conforme al artículo 5.1.d) del Reglamento (UE) 2016/679, los datos serán exactos y, si fuere necesario:

a) Actualizados.
b) Aproximados.
c) Normalizados.
d) Digitalizados.

7. Según el artículo 6.2 de la Ley Orgánica 3/2018 de Protección de Datos Personales y garantía de los derechos digitales, cuando se pretenda fundar el tratamiento de los datos en el consentimiento del afectado para una pluralidad de finalidades, será preciso que conste de manera específica e inequívoca que dicho consentimiento se otorga:

a) Por un periodo de tiempo.
b) Irrevocablemente.
c) Para todas ellas.
d) Por interés público.

8. Conforme al principio de limitación de la finalidad, los datos personales serán recogidos con fines determinados, explícitos y:

a) Limitados.
b) Transparentes.
c) Compatibles.
d) Legítimos.

9. Según el artículo 8.1 de la LO 3/2018, el tratamiento de datos personales solo podrá considerarse fundado en el cumplimiento de una obligación legal exigible al responsable:

a) Cuando así lo prevea una norma de Derecho de la Unión Europea o una norma con rango de ley.
b) Cuando el tratamiento se considere una misión realizada en interés público.
c) Cuando se trate del ejercicio de poderes públicos conferidos al responsable.
d) Cuando el responsable sea un órgano u organismo público.

10. Conforme al artículo 9 de la *LO 3/2018, de 5 de diciembre, de Protección de Datos Personales y garantía de los derechos digitales*, cuál de los siguientes tratamientos de categorías especiales de datos fundados en el Derecho español deberá estar amparado en una norma con rango de ley:

a) El interesado dio su consentimiento explícito para el tratamiento de dichos datos personales con uno o más de los fines especificados.
b) El tratamiento es necesario para el cumplimiento de obligaciones y el ejercicio de derechos específicos del responsable del tratamiento o del interesado en el ámbito del Derecho laboral y de la seguridad y protección social.
c) El tratamiento es necesario para proteger intereses vitales del interesado o de otra persona física, en el supuesto de que el interesado no esté capacitado, física o jurídicamente, para dar su consentimiento.
d) El tratamiento es necesario por razones de interés público en el ámbito de la salud pública, como la protección frente a amenazas transfronterizas graves para la salud, o para garantizar elevados niveles de calidad y de seguridad de la asistencia sanitaria y de los medicamentos o productos sanitarios.

11. Según el artículo 7.1 de la LO 3/2018, el tratamiento de los datos personales de un menor de edad únicamente podrá fundarse en su consentimiento cuando sea mayor de:

a) 12 años.
b) 13 años.
c) 14 años.
d) 16 años.

12. Según el Reglamento General de Protección de Datos, cuando los datos personales no se hayan obtenido del interesado, el responsable del tratamiento le facilitará, entre otras informaciones, los fines del tratamiento a que se destinan los datos personales, así como la base jurídica del tratamiento. El responsable del tratamiento facilitará la información dentro de un plazo razonable, una vez obtenidos los datos personales, y a más tardar dentro de:

a) 10 días hábiles.
b) 20 días.
c) 1 mes.
d) 3 meses.

13. Conforme al RGPD, el interesado tendrá derecho a obtener del responsable del tratamiento la limitación del tratamiento de los datos cuando el responsable ya no necesite los datos personales para los fines del tratamiento, pero el interesado los necesite para:

a) La formulación, el ejercicio o la defensa de reclamaciones.
b) Verificar la exactitud de los mismos
c) Incorporarlos a sus archivos personales.
d) Proceder él mismo a su destrucción.

14. Según el artículo 12.4 de la LO 3/2018, la prueba del cumplimiento del deber de responder a la solicitud de ejercicio de sus derechos formulado por el afectado recaerá:

a) Sobre el responsable del tratamiento.
b) Sobre el encargado del tratamiento.
c) Bien sobre el responsable o bien sobre el encargado.
d) Sobre el representante legal del afectado.

15. Conforme al artículo 16 del RGPD, teniendo en cuenta los fines del tratamiento, el interesado tendrá derecho a que se completen los datos personales que sean incompletos, inclusive mediante:

a) Levantamiento de acta.
b) Certificación de modificación.
c) Una declaración adicional.
d) Elaboración de anexos.

En MADTEST tienes **más preguntas de este tema**, y todos tus avances quedan registrados y se reflejan en el ranking.

¡Supera tus límites con MADTEST!

Solución al test n.º 10

1. d) Principio de minimización de datos.

2. d) Transparente.

3. c) Deberá existir una declaración del interesado o una acción positiva que manifieste su conformidad.

4. a) Seudonimización.

5. d) Por Real Decreto.

6. a) Actualizados.

7. c) Para todas ellas.

8. d) Legítimos.

9. a) Cuando así lo prevea una norma de Derecho de la Unión Europea o una norma con rango de ley.

10. d) El tratamiento es necesario por razones de interés público en el ámbito de la salud pública, como la protección frente a amenazas transfronterizas graves para la salud, o para garantizar elevados niveles de calidad y de seguridad de la asistencia sanitaria y de los medicamentos o productos sanitarios.

11. c) 14 años.

12. c) 1 mes.

13. a) La formulación, el ejercicio o la defensa de reclamaciones.

14. a) Sobre el responsable del tratamiento.

15. c) Una declaración adicional.

Ley 31/1995 de Prevención de riesgos laborales. Título I Capítulo III Derechos y obligaciones (arts. 14 a 29) y Capítulo V Consulta y participación de las personas trabajadoras (arts. 33 a 40)

1. Los representantes de los trabajadores con competencia en materia de prevención de riesgos laborales es/son:

a) Los miembros de la Junta de personal, Junta Facultativa y Junta de Enfermería.
b) Los técnicos de prevención de riesgos laborales.
c) El Servicio de Medicina Preventiva.
d) Los delegados de prevención.

2. ¿Qué se entiende por "riesgo laboral"?

a) La posibilidad de que un trabajador sufra un determinado daño derivaco del trabajo.
b) La posibilidad de que un trabajador sufra una enfermedad en el trabajo.
c) La posibilidad de que un trabajador sufra acoso.
d) El riesgo que supone el ir a trabajar.

3. ¿Quién debe garantizar a los trabajadores la vigilancia periódica de su estado de salud en función de los riesgos inherentes al trabajo?

a) La Inspección de Trabajo.
b) El propio trabajador.
c) El empresario.
d) Las secciones sindicales.

4. El derecho básico reconocido a los trabajadores por la Ley 31/1995, de 8 de noviembre, es:

a) La vigilancia de su estado de salud.
b) Una protección eficaz en materia de seguridad y salud en el trabajo.
c) La formación en materia preventiva.
d) La información, consulta y participación.

5. Indica cuál es la definición de prevención:

a) La probabilidad racional de que un riesgo se materialice de forma inminente.

b) El estudio de los procesos potencialmente peligrosos para el trabajo.

c) Conjunto de actividades o medidas adoptadas o previstas en todas las fases de actividad de la empresa con el fin de evitar o disminuir los riesgos derivados del trabajo.

d) Posibilidad de que un trabajador sufra un determinado daño derivado del trabajo.

6. Señala la respuesta incorrecta:

a) La Ley de Prevención de Riesgos Laborales se aplica a los operativos de Seguridad civil en casos de catástrofe.

b) La Ley de Prevención de Riesgos Laborales se aplica a las sociedades cooperativas.

c) En el ámbito de la relación laboral de carácter especial del servicio del hogar familiar, las personas trabajadoras tienen derecho a una protección eficaz en materia de seguridad y salud en el trabajo.

d) En los establecimientos penitenciarios, se adaptarán a la Ley de Prevención de Riesgos Laborales aquellas actividades cuyas características justifiquen una regulación especial.

7. Entre los principios de la acción preventiva recogidos por el artículo 15 de la Ley de Prevención de Riesgos Laborales, no figura:

a) Evitar los riesgos.

b) Evaluar los riesgos que se puedan evitar.

c) Tener en cuenta la evolución de la técnica.

d) Dar las debidas instrucciones a los trabajadores.

8. ¿Cuántos delegados de prevención se deberán elegir en empresas entre 3001 y 4000 trabajadores?

a) 5.

b) 6.

c) 7.

d) 8.

9. En las empresas de hasta 30 trabajadores, el Delegado de Prevención será:

a) El propio empresario.

b) El trabajador más antiguo.

c) El trabajador de mayor cualificación.

d) El delegado de personal.

10. Según la Ley de Prevención de Riesgos Laborales, se constituirá un Comité de Seguridad y Salud en todas las empresas o centros de trabajo que cuenten con:

a) 30 o más trabajadores.

b) 50 o más trabajadores.

c) 75 o más trabajadores.

d) 100 o más trabajadores.

11. Entre las obligaciones de los trabajadores recogidas por la Ley de Prevención de Riesgos Laborales, no figura:

a) Informar directamente al empresario de cualquier situación que entrañe riesgo para la seguridad o salud de los trabajadores.

b) Contribuir al cumplimiento de las obligaciones establecidas por la autoridad competente con el fin de proteger la seguridad y la salud de los trabajadores en el trabajo.

c) Cooperar con el empresario para que este pueda garantizar unas condiciones de trabajo que sean seguras y no entrañen riesgos para la seguridad y la salud de los trabajadores.

d) Utilizar correctamente los medios y equipos de protección facilitados por el empresario, de acuerdo con las instrucciones recibidas de este.

12. La Ley 31/1995, de 8 de noviembre, de Prevención de Riesgos Laborales, ¿se aplica a los empleados de la Administración Pública?

a) Sí, sin distinciones.

b) A los funcionarios sí, al personal laboral no.

c) Al personal laboral sí, a los funcionarios no.

d) No se aplica ni a funcionarios ni a personal laboral.

13. El órgano paritario y colegiado de participación destinado a la consulta regular y periódica de las actuaciones de la empresa en materia de prevención de riesgos, es:

a) El Comité de Empresa.

b) El Consejo de Vigilancia de la Prevención.

c) La Comisión de Evaluación de Riesgos Laborales.

d) El Comité de Seguridad y Salud.

14. La acción preventiva en la empresa:

a) Se planificará por el Comité de Seguridad y Salud a partir de una evaluación inicial de riesgos.

b) Se planificará por los Delegados de Prevención a partir de una evaluación in cial de riesgos.

c) Se planificará por el empresario a partir de una evaluación inicial de r esgos.

d) Se planificará por los Delegados de Personal a partir de una evaluación inicial de riesgos.

15. ¿Cuándo se deben utilizar los equipos de protección individual?

a) Siempre.

b) Cuando los riesgos no hayan sido evaluados.

c) Cuando los riesgos no se puedan evitar o no puedan limitarse.

d) Cuando el trabajador lo estime oportuno.

En MADTEST tienes **más preguntas de este tema**, y todos tus avances quedan registrados y se reflejan en el ranking.

¡Supera tus límites con MADTEST!

Solución al test n.º 11

1. d) Los delegados de prevención.

2. a) La posibilidad de que un trabajador sufra un determinado daño derivado del trabajo.

3. c) El empresario.

4. b) Una protección eficaz en materia de seguridad y salud en el trabajo.

5. c) Conjunto de actividades o medidas adoptadas o previstas en todas las fases de actividad de la empresa con el fin de evitar o disminuir los riesgos derivados del trabajo.

6. a) La Ley de Prevención de Riesgos Laborales se aplica a los operativos de Seguridad civil en casos de catástrofe.

7. b) Evaluar los riesgos que se puedan evitar.

8. c) 7.

9. d) El delegado de personal.

10. b) 50 o más trabajadores.

11. a) Informar directamente al empresario de cualquier situación que entrañe riesgo para la seguridad o salud de los trabajadores.

12. a) Sí, sin distinciones.

13. d) El Comité de Seguridad y Salud.

14. c) Se planificará por el empresario a partir de una evaluación inicial de riesgos.

15. c) Cuando los riesgos no se puedan evitar o no puedan limitarse.

Ley Orgánica 3/2007, de 22 de marzo, para la Igualdad efectiva de mujeres y hombres: Título Preliminar. Título I, El principio de igualdad y la tutela contra la discriminación y ámbito de la ley. Título II y III. (arts. 1 a 35)

1. Según el artículo 9.2. de la Constitución, "corresponde a los poderes públicos .... las condiciones para que la libertad y la igualdad del individuo y de los grupos en que se integra sean reales y efectivas; .... los obstáculos que impidan o dificulten su plenitud y .... la participación de todos los ciudadanos en la vida política, económica, cultural y social.". ¿Qué tres verbos faltan en la anterior frase?

a) Promover, remover y facilitar.
b) Impulsar, superar y posibilitar.
c) Crear, eliminar y alentar.
d) Facilitar, disminuir y promover.

2. ¿Qué título de la LO 3/2007, de 22 de marzo, para la igualdad efectiva de mujeres y hombres, trata sobre el principio de igualdad en el empleo público?

a) Título II.
b) Título IV.
c) Título V.
d) Título VI.

3. Según su artículo 1, la LO 3/2007 tiene por objeto hacer efectivo el derecho de:

a) Conciliación de la vida laboral y familiar de mujeres y hombres.
b) Igualdad de trato y de oportunidades entre mujeres y hombres.
c) Participación en los asuntos públicos en igualdad de condiciones.
d) No discriminación por razón de sexo.

4. Las obligaciones establecidas en la LO 3/2007 son de aplicación:

a) A toda persona, física o jurídica, que se encuentre o actúe en territorio español, cualquiera que fuese su nacionalidad, domicilio o residencia.

b) A todos los ciudadanos españoles, ya sea en territorio español o territorio de cualquier país extranjero.

c) A toda persona, física o jurídica, que se encuentre o actúe en territorio español, con nacionalidad española.

d) A toda persona, física o jurídica, que resida en territorio español, cualquiera que fuese su nacionalidad.

5. La LO 3/2007 entró en vigor el 24 de marzo de 2007, con una excepción que entró en vigor el 31 de diciembre de 2008:

a) Lo previsto en el artículo 19 sobre la obligatoriedad de los proyectos de disposiciones de carácter general de incorporar un informe sobre su impacto por razón de género.

b) Lo previsto en el artículo 44.3., referente al reconocimiento a los padres del derecho a un permiso y una prestación por paternidad.

c) Lo previsto en el artículo 49, sobre la implantación de planes de igualdad en las pequeñas y medianas empresas.

d) Lo previsto en el artículo 71.2., referente a costes relacionados con el embarazo y el parto en contratos de seguros o servicios financieros.

6. Según el artículo 4 de la LO 3/2007, la igualdad de trato y de oportunidades entre mujeres y hombres:

a) Es un deber de las Administraciones Públicas.

b) Es una fuente formal del Derecho.

c) Es un principio informador del ordenamiento jurídico.

d) Es un objetivo fundamental del procedimiento administrativo.

7. Señala la respuesta incorrecta. Según el artículo 3 de la LO 3/2007, el principio de igualdad de trato entre mujeres y hombres supone la ausencia de toda discriminación, directa o indirecta, por razón de sexo, y especialmente, las derivadas de:

a) La maternidad.

b) La tendencia sexual.

c) La asunción de obligaciones familiares.

d) El estado civil.

8. La situación en que se encuentra una persona que sea, haya sido o pudiera ser tratada, en atención a su sexo, de manera menos favorable que otra en situación comparable, se considera:

a) Discriminación directa.

b) Acoso sexual.

c) Discriminación indirecta.
d) Violencia de género.

9. Cualquier comportamiento realizado en función del sexo de una persona, con el propósito o el efecto de atentar contra su dignidad y de crear un entorno intimidatorio, degradante u ofensivo, constituye:

a) Discriminación directa.
b) Acoso sexual.
c) Acoso por razón de sexo.
d) Discriminación indirecta.

10. Los actos y las cláusulas de los negocios jurídicos que constituyan o causen discriminación por razón de sexo se considerarán:

a) Válidos, pero anulables.
b) Nulos y sin efecto.
c) Ilegales.
d) Nulos, pero con efectos.

11. Con el fin de hacer efectivo el derecho constitucional de la igualdad, los Poderes Públicos adoptarán medidas específicas en favor de las mujeres para corregir situaciones patentes de desigualdad de hecho respecto de los hombres. Tales medidas, que serán aplicables en tanto subsistan dichas situaciones, habrán de ser en relación con el objetivo perseguido en cada caso, razonables y:

a) Justificadas.
b) Autorizadas judicialmente.
c) Transparentes.
d) Proporcionadas.

12. El artículo 14 de la LO 3/2007 señala como uno de los criterios generales de actuación de los Poderes Públicos para el cumplimiento de los fines de esta ley, la participación equilibrada de mujeres y hombres en:

a) Los órganos colegiados de organismos públicos.
b) Los órganos directivos de las empresas de más de 250 trabajadores.
c) Los tribunales de selección y de decisión.
d) Las candidaturas electorales y en la toma de decisiones.

13. Según el artículo 15 de la LO 3/2007, el principio de igualdad de trato y oportunidades entre mujeres y hombres informará la actuación de todos los Poderes Públicos, con carácter:

a) General.
b) Transversal.

c) Integral.

d) Global.

14. El artículo 20 de la LO 3/2007 establece una serie de medidas obligatorias a las que se someterán los estudios y estadísticas que elaboren los poderes públicos. ¿Cuál de las siguientes es una de dichas medidas?

a) Excluir sistemáticamente la variable de sexo en las estadísticas, encuestas y recogida de datos que lleven a cabo.

b) Realizar muestras lo suficientemente amplias para evitar que las diversas variables incluidas puedan ser explotadas y analizadas en función de la variable de sexo.

c) Explotar los datos de que disponen de modo que se puedan conocer las diferentes situaciones, condiciones, aspiraciones y necesidades de mujeres y hombres en los diferentes ámbitos de intervención.

d) Establecer e incluir en las operaciones estadísticas nuevos indicadores que posibiliten un mejor conocimiento de las similitudes en los valores, roles, situaciones, condiciones, aspiraciones y necesidades de mujeres y hombres.

15. Conforme al artículo 21 de la LO 3/2007, la Administración General del Estado y las Administraciones de las Comunidades Autónomas cooperarán para integrar el derecho de igualdad entre mujeres y hombres en el ejercicio de sus respectivas competencias y, en especial, en sus actuaciones de:

a) Supervisión.

b) Planificación.

c) Regulación.

d) Dirección.

En MADTEST tienes **más preguntas de este tema**, y todos tus avances quedan registrados y se reflejan en el ranking.

¡Supera tus límites con MADTEST!

Solución al test n.º 12

1. a) Promover, remover y facilitar.

2. c) Título V.

3. b) Igualdad de trato y de oportunidades entre mujeres y hombres.

4. a) A toda persona, física o jurídica, que se encuentre o actúe en territorio español, cualquiera que fuese su nacionalidad, domicilio o residencia.

5. d) Lo previsto en el artículo 71.2, referente a costes relacionados con el embarazo y el parto en contratos de seguros o servicios financieros.

6. c) Es un principio informador del ordenamiento jurídico.

7. b) La tendencia sexual.

8. a) Discriminación directa.

9. c) Acoso por razón de sexo.

10. b) Nulos y sin efecto.

11. d) Proporcionadas.

12. d) Las candidaturas electorales y en la toma de decisiones.

13. b) Transversal.

14. c) Explotar los datos de que disponen de modo que se puedan conocer las diferentes situaciones, condiciones, aspiraciones y necesidades de mujeres y hombres en los diferentes ámbitos de intervención.

15. b) Planificación.

Ley Orgánica 1/2004, de 28 de diciembre, de Medidas de Protección Integral contra la Violencia de Género. Título II. Derechos de las mujeres víctimas de violencia de género (arts 17 a 32)

1. Los servicios de información, atención psicosocial inmediata, asesoramiento jurídico 24 horas y acogida para víctimas de violencia de género tienen carácter:

a) Opcional, según disponibilidad presupuestaria.
b) Complementario, sin obligación de continuidad.
c) De servicios esenciales, garantizados por las administraciones públicas.
d) Temporal, limitado a situaciones de emergencia.

2. Si una situación excepcional impide el acceso normal a los servicios esenciales para víctimas de violencia de género, la Administración debe:

a) Suspender los servicios hasta que se normalice la situación.
b) Adoptar medidas para garantizar su funcionamiento y adaptarlos a las necesidades específicas de las víctimas.
c) Limitar la atención a casos de riesgo extremo.
d) Derivar a las víctimas a servicios privados sin coste.

3. Una mujer víctima de violencia de género con discapacidad visual solicita información sobre sus derechos. Según la LO 1/2004, la Administración debe:

a) Proporcionar la información únicamente en castellano.
b) Ofrecer la información en formato accesible y comprensible, como sistemas alternativos y aumentativos.
c) Remitirla a una ONG especializada sin obligación de adaptar la información.
d) Informar solo sobre medidas de protección policial.

4. ¿Qué principio rige la organización de los servicios sociales de atención integral para víctimas de violencia de género según la LO 1/2004?

a) Atención permanente, actuación urgente, especialización y multidisciplinariedad.
b) Atención voluntaria, actuación diferida, generalización y homogeneidad.

c) Atención limitada, actuación preventiva, descentralización y uniformidad.

d) Atención exclusiva, actuación judicial, especialización y homogeneidad.

5. María, víctima de violencia de género, vive en una zona rural y necesita atención psicológica urgente. Según la LO 1/2004, los servicios sociales deben:

a) Garantizar la atención únicamente en capitales de provincia.

b) Procurar una distribución territorial equitativa y garantizar la accesibilidad a zonas rurales.

c) Priorizar la atención en zonas urbanas por falta de recursos.

d) Derivar a María a servicios sanitarios generales.

6. ¿Qué actuaciones incluye la atención multidisciplinar prevista en la LO 1/2004?

a) Información, atención psicológica, apoyo social, seguimiento de reclamaciones, apoyo educativo, formación preventiva y apoyo a la inserción laboral.

b) Información, atención psicológica y apoyo social exclusivamente.

c) Atención sanitaria, apoyo económico y formación profesional.

d) Información, asesoramiento jurídico y derivación a servicios externos.

7. ¿Quiénes tienen derecho a la asistencia social integral además de las mujeres víctimas de violencia de género?

a) Únicamente los ascendientes de la víctima.

b) Los menores bajo patria potestad o guarda y custodia de la persona agredida, o que convivan en contextos familiares donde se cometen actos de violencia de género.

c) Solo los hijos mayores de edad.

d) Personas dependientes que convivan con la víctima.

8. Ana, víctima de violencia de género, desconoce el castellano y reside en una comunidad autónoma con lengua cooficial. Según la LO 1/2004, la información sobre sus derechos debe:

a) Proporcionarse únicamente en castellano.

b) Ser accesible en la lengua oficial del territorio y adaptada a sus circunstancias personales.

c) Ofrecerse solo mediante traducción automática.

d) Limitarse a información sobre recursos policiales.

9. ¿Qué obligación tienen los organismos de igualdad respecto a los programas y acciones de atención integral según la LO 1/2004?

a) Ejecutar directamente los programas.

b) Orientar, valorar y emitir recomendaciones para su mejora.

c) Supervisar exclusivamente los programas sanitarios.

d) Limitarse a la evaluación presupuestaria.

10. ¿Qué profesionales deben integrar los servicios sociales para atender a menores en contextos de violencia de género según la LO 1/2004?

a) Trabajadores sociales sin formación específica.
b) Profesionales de psicología infantil para prevenir daños psíquicos y físicos, incluida la violencia vicaria.
c) Personal sanitario generalista.
d) Mediadores familiares sin especialización.

11. Las mujeres víctimas de violencia de género tienen garantizados los derechos reconocidos en la ley:

a) Solo si acreditan residencia superior a un año en España.
b) Únicamente tras sentencia condenatoria firme.
c) Sin discriminación en el acceso a los mismos.
d) Según disponibilidad presupuestaria de la comunidad autónoma.

12. En relación con los derechos constitucionales, la información, asistencia social integral y asistencia jurídica a las víctimas de violencia de género:

a) Son medidas discrecionales de los servicios sociales.
b) Contribuyen a hacer reales y efectivos los derechos a integridad, libertad, seguridad e igualdad.
c) Sustituyen la acción penal por vías alternativas.
d) Operan solo en fase judicial.

13. Los servicios de información y orientación, atención psicosocial inmediata, asesoramiento jurídico 24 horas, acogida y asistencia social integral:

a) Tienen carácter preferente en capitales de provincia.
b) Tienen carácter de servicios esenciales.
c) Se limitan a víctimas con orden de protección vigente.
d) Se prestan exclusivamente por entidades privadas.

14. Si concurre una situación que dificulte el acceso o la prestación de los servicios esenciales a víctimas de violencia de género, las administraciones públicas competentes deben:

a) Suspender temporalmente los servicios.
b) Delegar en ONG sin gasto público.
c) Adoptar medidas para garantizar su normal funcionamiento y su adaptación a las necesidades específicas.
d) Priorizar solo casos con riesgo extremo.

15. La ley garantiza el normal funcionamiento y la prestación del sistema de seguimiento telemático del cumplimiento de:

a) Medidas civiles de guarda y custodia.
b) Medidas cautelares y penas de prohibición de aproximación en violencia de género.
c) Medidas administrativas sancionadoras.
d) Obligaciones alimenticias en procesos civiles.

En MADTEST tienes **más preguntas de este tema**, y todos tus avances quedan registrados y se reflejan en el ranking.

¡Supera tus límites con MADTEST!

Solución al test n.º 13

1. c) De servicios esenciales, garantizados por las administraciones públicas.

2. b) Adoptar medidas para garantizar su funcionamiento y adaptarlos a las necesidades específicas de las víctimas.

3. b) Ofrecer la información en formato accesible y comprensible, como sistemas alternativos y aumentativos.

4. a) Atención permanente, actuación urgente, especialización y multidisciplinariedad.

5. b) Procurar una distribución territorial equitativa y garantizar la accesibilidad a zonas rurales.

6. a) Información, atención psicológica, apoyo social, seguimiento de reclamaciones, apoyo educativo, formación preventiva y apoyo a la inserción laboral.

7. b) Los menores bajo patria potestad o guarda y custodia de la persona agredida, o que convivan en contextos familiares donde se cometen actos de violencia de género.

8. b) Ser accesible en la lengua oficial del territorio y adaptada a sus circunstancias personales.

9. b) Orientar, valorar y emitir recomendaciones para su mejora.

10. b) Profesionales de psicología infantil para prevenir daños psíquicos y físicos, incluida la violencia vicaria.

11. c) Sin discriminación en el acceso a los mismos.

12. b) Contribuyen a hacer reales y efectivos los derechos a integridad, libertad, seguridad e igualdad.

13. b) Tienen carácter de servicios esenciales.

14. c) Adoptar medidas para garantizar su normal funcionamiento y su adaptación a las necesidades específicas.

15. b) Medidas cautelares y penas de prohibición de aproximación en violencia de género.

El acto administrativo: concepto, clases y elementos. Eficacia y validez de los actos administrativos. Motivación, notificación y publicación. Nulidad y anulabilidad de los actos administrativos. Conversión, conservación y convalidación

1. Señala la respuesta incorrecta. Según el artículo 35 de la Ley 39/2015, de 1 de octubre, de Procedimiento Administrativo Común de las Administraciones Públicas, serán motivados, con sucinta referencia de hechos y fundamentos de Derecho:

a) Los actos que limiten derechos subjetivos o intereses legítimos.

b) Los actos que resuelvan procedimientos de revisión de oficio de disposiciones o actos administrativos, recursos administrativos, reclamaciones previas a la vía judicial y procedimientos de arbitraje.

c) Los actos que se separen del criterio seguido en actuaciones precedentes o del dictamen de órganos consultivos.

d) Los actos declarativos de derechos.

2. De acuerdo con el artículo 39 de la Ley 39/2015, de 1 de octubre, de Procedimiento Administrativo Común de las Administraciones Públicas, con carácter general, los actos de las Administraciones Públicas sujetos al Derecho Administrativo se presumirán válidos y producirán efectos desde:

a) La fecha en que se dicten, salvo que en ellos se disponga otra cosa.

b) Su notificación.

c) Su publicación.

d) La aprobación superior.

3. En relación con las notificaciones en papel, de acuerdo con lo dispuesto en el artículo 42 de la Ley 39/2015, de 1 de octubre, de Procedimiento Administrativo Común de las Administraciones Públicas de los actos administrativos, señala la respuesta incorrecta:

a) Se notificarán a los interesados las resoluciones y actos administrativos que afecten a sus derechos e intereses.

b) Toda notificación deberá ser cursada dentro del plazo de diez días a partir de la fecha en que el acto haya sido dictado.

c) En los procedimientos iniciados a solicitud del interesado, la notificación se practicará en el domicilio del interesado. Cuando ello no fuera posible, en cualquier lugar adecuado a tal fin.

d) Cuando la notificación se practique en el domicilio del interesado, de no hallarse presente este en el momento de entregarse la notificación podrá hacerse cargo de la misma cualquier persona mayor de 14 años que se encuentre en el domicilio y haga constar su identidad.

4. Conforme al artículo 45 de la Ley 39/2015, de 1 de octubre, de Procedimiento Administrativo Común de las Administraciones Públicas, la publicación sustituirá a la notificación surtiendo sus mismos efectos en los siguientes casos:

a) Cuando el acto tenga por destinatario a una persona jurídica.

b) Cuando la Administración estime que la notificación efectuada a un solo interesado es insuficiente para garantizar la notificación a todos, siendo, en este último caso, adicional a la notificación efectuada.

c) En los procedimientos iniciados a solicitud del interesado.

d) Cuando la notificación se practique en el domicilio del interesado.

5. De acuerdo con el artículo 47 de la Ley 39/2015, de 1 de octubre, de Procedimiento Administrativo Común de las Administraciones Públicas, los actos de las Administraciones Públicas son nulos de pleno derecho en los casos siguientes:

a) Los actos de la Administración que incurran en cualquier infracción del ordenamiento jurídico.

b) Los actos dictados por órgano manifiestamente incompetente por razón de la jerarquía.

c) Los actos que tengan un contenido imposible.

d) Los actos de la Administración que incurran en desviación de poder.

6. Son anulables, de acuerdo con el artículo 48.1 de la Ley 39/2015, de 1 de octubre, de Procedimiento Administrativo Común de las Administraciones Públicas:

a) Los actos de la Administración que incurran en cualquier infracción del ordenamiento jurídico, incluso la desviación de poder.

b) Los actos dictados prescindiendo total y absolutamente del procedimiento legalmente establecido o de las normas que contienen las reglas esenciales para la formación de la voluntad de los órganos colegiados.

c) Los actos expresos o presuntos contrarios al ordenamiento jurídico por los que se adquieren facultades o derechos cuando se carezca de los requisitos esenciales para su adquisición.

d) Los actos dictados por órgano manifiestamente incompetente por razón de la materia.

7. Conforme con el artículo 48.2 de la Ley 39/2015, de 1 de octubre, de Procedimiento Administrativo Común de las Administraciones Públicas, el defecto de forma de los actos de las Administraciones Públicas solo determinará la anulabilidad:

a) Siempre.

b) Nunca.

c) Cuando el acto carezca de los requisitos formales, dando lugar a la indefensión de los interesados.

d) Cuando el acto administrativo se notifique fuera de plazo, no siendo esencial el término o plazo.

8. La Administración podrá convalidar los actos anulables, subsanando los vicios de que adolezcan. Si el vicio consistiera en incompetencia no determinante de nulidad, la convalidación podrá realizarse, de conformidad con el artículo 52.3 de la Ley 39/2015, de 1 de octubre, de Procedimiento Administrativo Común de las Administraciones Públicas, por:

a) El órgano competente cuando sea inferior jerárquico del que dictó el acto viciado.

b) El órgano competente cuando sea superior jerárquico del que dictó el acto viciado.

c) El órgano competente por razón de la materia.

d) El órgano competente por razón del territorio.

9. En relación con la forma de los actos administrativos, señala la respuesta incorrecta:

a) Los actos administrativos se producirán por escrito a través de medios electrónicos, a menos que su naturaleza exija otra forma más adecuada de expresión y constancia.

b) En los casos en que los órganos administrativos ejerzan su competencia de forma verbal, la constancia escrita del acto, cuando sea necesaria, se efectuará y firmará por el titular del órgano superior, expresando en la comunicación del mismo la autoridad de la que procede.

c) Si se tratara de resoluciones, el titular de la competencia deberá autorizar una relación de las que haya dictado de forma verbal, con expresión de su contenido.

d) Cuando deba dictarse una serie de actos administrativos de la misma naturaleza, tales como nombramientos, concesiones o licencias, podrán refundirse en un único acto.

10. Son actos anulables de acuerdo con el artículo 48 de la Ley 39/2015, de 1 de octubre, de Procedimiento Administrativo Común de las Administraciones Públicas:

a) Los de contenido imposible.

b) Los que carezcan de los requisitos formales indispensables para alcanzar su fin.

c) Los dictados prescindiendo total y absolutamente de los procedimientos legalmente establecidos para ellos.

d) Los dictados prescindiendo total y absolutamente del procedimiento establecido por las normas que contienen las reglas esenciales para la formación de la voluntad de los órganos colegiados.

11. De todas las resoluciones citadas a continuación, ¿cuáles de ellas no necesitarán ser motivadas?

a) Las que sigan el criterio seguido en actuaciones precedentes.
b) Los acuerdos de suspensión de actos.
c) Las que se dicten en el ejercicio de potestades discrecionales.
d) Las que resuelvan los recursos.

12. ¿En qué casos un defecto de forma determinará la anulabilidad del acto?

a) Cuando carezcan de los requisitos formales indispensables para alcanzar su fin o dé lugar a indefensión.
b) Cuando sean insubsanables.
c) Solo en los casos en los que se dé lugar a indefensión.
d) Solo cuando carezcan de los requisitos formales indispensables.

13. Señala la respuesta incorrecta. Cuando una Administración Pública tenga que dictar, en el ámbito de sus competencias, un acto que necesariamente tenga por base otro dictado por una Administración Pública distinta y aquella entienda que es ilegal:

a) Podrá requerir a la otra Administración previamente para que anule o revise el acto de acuerdo con lo dispuesto en el artículo 44 de la Ley 29/1998, de 13 de julio, reguladora de la Jurisdicción Contencioso-Administrativa.
b) Realizado el requerimiento y al ser rechazado este, podrá interponer recurso contencioso-administrativo.
c) Realizado el requerimiento y al ser rechazado este, podrá interponer recurso de revisión.
d) En estos casos, quedará suspendido el procedimiento para dictar resolución.

14. Las notificaciones administrativas por medios electrónicos requerirán para su validez:

a) El señalamiento explícito de dicho medio de notificación en el momento de iniciación del procedimiento.
b) El establecimiento de este sistema por medio de una norma de rango legal.
c) El acceso a su contenido, momento a partir del cual la notificación se entenderá practicada a todos los efectos legales.
d) El establecimiento de este sistema por medio de una norma de rango reglamentario.

15. Por regla general una notificación electrónica se entenderá rechazada con los efectos previstos en el artículo 43.2 de la Ley 39/2015, de 1 de octubre, del Procedimiento Administrativo Común de las Administraciones Públicas, cuando teniendo constancia de la puesta a disposición transcurran:

a) Diez días hábiles sin que se acceda a su contenido.
b) Diez días naturales desde que se accedió al contenido sin existir respuesta.
c) Diez días naturales sin que se acceda al contenido.
d) Quince días hábiles desde que se accedió al contenido sin existir respuesta.

En MADTEST tienes **más preguntas de este tema**, y todos tus avances quedan registrados y se reflejan en el ranking.

¡Supera tus límites con MADTEST!

Solución al test n.º 14

1. d) Los actos declarativos de derechos.

2. a) La fecha en que se dicten, salvo que en ellos se disponga otra cosa.

3. c) En los procedimientos iniciados a solicitud del interesado, la notificación se practicará en el domicilio del interesado. Cuando ello no fuera posible, en cualquier lugar adecuado a tal fin.

4. b) Cuando la Administración estime que la notificación efectuada a un solo interesado es insuficiente para garantizar la notificación a todos, siendo, en este último caso, adicional a la notificación efectuada.

5. c) Los actos que tengan un contenido imposible.

6. a) Los actos de la Administración que incurran en cualquier infracción del ordenamiento jurídico, incluso la desviación de poder.

7. c) Cuando el acto carezca de los requisitos formales, dando lugar a la indefensión de los interesados.

8. b) El órgano competente cuando sea superior jerárquico del que dictó el acto viciado.

9. b) En los casos en que los órganos administrativos ejerzan su competencia de forma verbal, la constancia escrita del acto, cuando sea necesaria, se efectuará y firmará por el titular del órgano superior, expresando en la comunicación del mismo la autoridad de la que procede.

10. b) Los que carezcan de los requisitos formales indispensables para alcanzar su fin.

11. a) Las que sigan el criterio seguido en actuaciones precedentes.

12. a) Cuando carezcan de los requisitos formales indispensables para alcanzar su fin o dé lugar a indefensión.

13. c) Realizado el requerimiento y al ser rechazado este, podrá interponer recurso de revisión.

14. c) El acceso a su contenido, momento a partir del cual la notificación se entenderá practicada a todos los efectos legales.

15. c) Diez días naturales sin que se acceda al contenido.

El procedimiento administrativo I: Capacidad de obrar y concepto de interesado. Identificación y firma de los interesados en el procedimiento. Derechos de las personas en sus relaciones con las Administraciones Públicas. Derecho y obligación de relacionarse electrónicamente con las Administraciones Públicas. Términos y plazos. Obligación de Administración de resolver. El silencio administrativo

1. ¿A qué capacidad se refiere el art. 3 de la Ley 39/2015, de 1 de diciembre, en relación con las personas físicas?

a) A la capacidad jurídica.
b) A la capacidad para ser titular de derechos subjetivos.
c) A la capacidad para ser titular de deberes jurídicos.
d) A la capacidad de obrar.

2. Los menores de edad, ¿tienen capacidad de obrar ante las Administraciones Públicas?

a) Sí, en todo caso, para el ejercicio y defensa de aquellos de sus derechos e intereses cuya actuación esté permitida por el ordenamiento jurídico sin la asistencia de la persona que ejerza la patria potestad, tutela o curatela.

b) No, en ningún caso; únicamente tendrán capacidad de obrar ante las Administraciones Públicas, las personas físicas mayores de edad no incapacitadas.

c) Sí, para el ejercicio y defensa de aquellos de sus derechos e intereses cuya actuación esté permitida por el ordenamiento jurídico sin la asistencia de la persona que ejerza la patria potestad, tutela o curatela, aunque sean menores incapacitados, siempre que la extensión de la incapacitación no afecte al ejercicio y defensa de los derechos o intereses de que se trate.

d) Sí, excepto los menores incapacitados.

3. Excepto el supuesto previsto por el artículo 3.b) de la Ley 39/2015, de 1 de octubre, los menores de edad no tienen capacidad de obrar ante las Administraciones Públicas, y necesitan de la asistencia de la persona que ejerza la patria potestad, tutela o curatela. En relación con la patria potestad, señala cuál de los siguientes enunciados es incorrecto:

a) La patria potestad, como responsabilidad parental, se ejercerá siempre en interés de los hijos, de acuerdo con su personalidad, y con respeto a sus derechos, su integridad física y mental.

b) El ejercicio de la patria potestad comprende representar a sus hijos y administrar sus bienes.

c) Los hijos emancipados están bajo la patria potestad de los progenitores.

d) Si los hijos tuvieren suficiente madurez deberán ser oídos siempre antes de adoptar decisiones que les afecten.

4. ¿Quiénes de los siguientes están sujetos a tutela?

a) Los menores emancipados que estén bajo la patria potestad.

b) Los menores no emancipados que no estén bajo la patria potestad.

c) Los menores emancipados que no estén bajo la patria potestad.

d) Los hijos no emancipados.

5. ¿Cuál de las siguientes características se vincula con la institución de la curatela del menor a que hace referencia el art. 3.b) de la Ley 39/2015, de 1 de octubre?

a) El curador no cuida de la persona sujeta a curatela, sino de su patrimonio.

b) La función del curador es la de complementar la capacidad del menor en todos aquellos actos o negocios jurídicos que no puede realizar por sí mismo.

c) El curador tiene cura de la persona sujeta a curatela, pero no de su patrimonio.

d) El curador tiene cura de la persona sujeta a curatela y de su patrimonio.

6. Los patrimonios independientes o autónomos, ¿tienen capacidad de obrar ante las Administraciones Públicas?

a) Sí.

b) No.

c) Siempre que la ley así lo declare expresamente.

d) Los patrimonios independientes o autónomos tienen reconocida capacidad jurídica ante las Administraciones Públicas en aplicación del artículo 3 de la Ley 39/2015, de 1 de octubre.

7. Tendrán capacidad de obrar ante las Administraciones Públicas las personas jurídicas que ostenten capacidad de obrar con arreglo a las normas civiles. ¿En qué momento adquirirán esta capacidad?

a) Desde el instante mismo en que, con arreglo a derecho, hubiesen quedado válidamente constituidas.

b) Las personas jurídicas adquirirán su capacidad de obrar en los mismos términos que las personas físicas.

c) En el momento en que finalice su personalidad.

d) Las personas jurídicas no tienen capacidad de obrar ante las Administraciones Públicas sino capacidad jurídica.

8. En aplicación del art. 3 de la Ley 39/2015, de 1 de octubre, NO tendrán capacidad de obrar ante las Administraciones Públicas:

a) Las personas físicas incapacitadas.

b) Las personas jurídicas que ostenten capacidad de obrar con arreglo a las normas civiles.

c) Los menores de edad para el ejercicio y defensa de aquellos de sus derechos e intereses cuya actuación esté permitida por el ordenamiento jurídico sin la asistencia de la persona que ejerza la patria potestad, tutela o curatela.

d) Las asociaciones de interés público reconocidas por la ley.

9. ¿Una persona declarada pródiga tiene capacidad de obrar plena ante las Administraciones Públicas?

a) Sí; las personas físicas tienen capacidad de obrar ante las Administraciones Públicas.

b) No; puede estar sujeta a tutela.

c) No; puede estar sujeta a curatela.

d) No; está sujeta a la patria potestad de sus progenitores.

10. La Ley 40/2015, de 1 de octubre, de régimen jurídico del sector público, ¿establece alguna regulación sobre la capacidad de obrar de los interesados ante las Administraciones Públicas?

a) Sí, en su artículo 3.

b) Sí, en tanto la Ley 40/2015, de 1 de octubre, tiene por objeto regular el procedimiento administrativo común a todas las Administraciones Públicas.

c) No, en tanto la Ley 40/2015, de 1 de octubre, únicamente tiene por objeto regular los principios a los que se ha de ajustar el ejercicio de la iniciativa legislativa y la potestad reglamentaria.

d) No.

11. Una persona que quiera participar en un proceso selectivo para cubrir plazas en una Administración Pública, ¿se considera interesada en el procedimiento administrativo?

a) Sí, en aplicación del artículo 4.1.a) de la Ley 39/2015, de 1 de octubre.

b) Sí, en aplicación del artículo 4.1.b) de la Ley 39/2015, de 1 de octubre.

c) Sí, en aplicación del artículo 4.1.c) de la Ley 39/2015, de 1 de octubre.

d) No, en tanto el procedimiento lo ha promovido la Administración y no la persona interesada.

12. En un procedimiento de expropiación forzosa, una persona reclama para sí la titularidad de una parcela que no está a su nombre; ¿tendrá la consideración de persona interesada en el procedimiento administrativo?

a) Sí, en aplicación del artículo 4.1.a) de la Ley 39/2015, de 1 de octubre.
b) Sí, en aplicación del artículo 4.1.b) de la Ley 39/2015, de 1 de octubre.
c) Sí, en aplicación del artículo 4.1.c) de la Ley 39/2015, de 1 de octubre.
d) No, en tanto el procedimiento lo ha promovido la Administración y no la persona interesada.

13. En un procedimiento de expropiación forzosa, el titular de un bien inmueble objeto de expropiación, ¿tendrá la consideración de interesado en el procedimiento administrativo?

a) Sí, en aplicación del artículo 4.1.a) de la Ley 39/2015, de 1 de octubre.
b) Sí, en aplicación del artículo 4.1.b) de la Ley 39/2015, de 1 de octubre.
c) Sí, en aplicación del artículo 4.1.c) de la Ley 39/2015, de 1 de octubre.
d) Sí, en aplicación del artículo 4.2 de la Ley 39/2015, de 1 de octubre.

14. ¿Qué interés se reconocería a los Colegios Profesionales para intervenir en el procedimiento de homologación de títulos obtenidos en el extranjero?

a) Interés legítimo individual de cada uno de los profesionales que integran los Colegios Profesionales.
b) Derechos subjetivos de los poseedores de los títulos que van a ser objeto de homologación.
c) Intereses legítimos colectivos.
d) Intereses sociales.

15. La titular de un establecimiento de restauración en Benidorm, quiere solicitar al Ayuntamiento una autorización para proceder a la ocupación de un espacio de uso público con mesas, sillas y sombrillas para su negocio. ¿Tendrá la consideración de interesada en el procedimiento administrativo de autorización?

a) Sí, en aplicación del artículo 4.1.a) de la Ley 39/2015, de 1 de octubre.
b) Sí, en aplicación del artículo 4.1.b) de la Ley 39/2015, de 1 de octubre.
c) Sí, en aplicación del artículo 4.1.c) de la Ley 39/2015, de 1 de octubre.
d) Sí, en aplicación del artículo 4.2 de la Ley 39/2015, de 1 de octubre.

En MADTEST tienes **más preguntas de este tema**, y todos tus avances quedan registrados y se reflejan en el ranking.

¡Supera tus límites con MADTEST!

Solución al test n.º 15

1. d) A la capacidad de obrar.

2. c) Sí, para el ejercicio y defensa de aquellos de sus derechos e intereses cuya actuación esté permitida por el ordenamiento jurídico sin la asistencia de la persona que ejerza la patria potestad, tutela o curatela, aunque sean menores incapacitados, siempre que la extensión de la incapacitación no afecte al ejercicio y defensa de los derechos o intereses de que se trate.

3. c) Los hijos emancipados están bajo la patria potestad de los progenitores.

4. b) Los menores no emancipados que no estén bajo la patria potestad.

5. b) La función del curador es la de complementar la capacidad del menor en todos aquellos actos o negocios jurídicos que no puede realizar por sí mismo.

6. c) Siempre que la ley así lo declare expresamente.

7. a) Desde el instante mismo en que, con arreglo a derecho, hubiesen quedado válidamente constituidas.

8. a) Las personas físicas incapacitadas.

9. c) No; puede estar sujeta a curatela.

10. d) No.

11. b) Sí, en aplicación del artículo 4.1.b) de la Ley 39/2015, de 1 de octubre.

12. c) Sí, en aplicación del artículo 4.1.c) de la Ley 39/2015, de 1 de octubre.

13. b) Sí, en aplicación del artículo 4.1.b) de la Ley 39/2015, de 1 de octubre.

14. c) Intereses legítimos colectivos.

15. a) Sí, en aplicación del artículo 4.1.a) de la Ley 39/2015, de 1 de octubre.

El procedimiento administrativo II: Iniciación, Ordenación, Instrucción y Finalización del procedimiento administrativo. Tramitación Simplificada del procedimiento administrativo. Especialidades del procedimiento sancionador y del procedimiento en materia de la responsabilidad patrimonial

1. Los que tuvieren la condición de interesados en un procedimiento administrativo, podrán conocer del estado de la tramitación del mismo:

a) En el trámite de audiencia.
b) En el trámite de información pública.
c) En cualquier momento
d) Solo cuando lo permita el instructor del procedimiento.

2. Las medidas provisionales adoptadas antes de la iniciación del procedimiento administrativo, deberán ser confirmadas, modificadas o levantadas en el acuerdo de iniciación del procedimiento, que deberá efectuarse:

a) Dentro de los quince días siguientes a su adopción, pudiendo ser recurrido.
b) Dentro de los veinte días siguientes a su adopción, pudiendo de ser recurrido.
c) Dentro de los diez días siguientes a su adopción, sin posibilidad de ser recurrido.
d) Dentro de los veinte días siguientes a su adopción, sin posibilidad de ser recurrido.

3. Cuando el acuerdo de iniciación del procedimiento no contenga un pronunciamiento expreso acerca de las medidas provisionales previas, dichas medidas:

a) Se mantendrán, hasta la fase de alegaciones.
b) Se mantendrán, salvo que haya recurso pendiente.
c) Se prorrogaran por quince días.
d) Quedarán sin efecto.

4. Los procedimientos de naturaleza sancionadora se iniciarán:

a) De oficio o a instancia de parte.
b) Siempre a instancia de parte.

c) Siempre de oficio.

d) En virtud de denuncia.

5. Si la solicitud de iniciación del procedimiento administrativo no reúne los requisitos recogidos en la Ley 39/2015 u otros exigidos por la legislación específica aplicable:

a) Se inadmitirá la solicitud presentada por el interesado.

b) Se le dará un plazo de cinco días para que vuelva a presentar la solicitud correctamente.

c) Se le dará un plazo de veinte días para que subsane la falta o acompañe los documentos preceptivos.

d) Se le dará un plazo de diez días para que subsane la falta o acompañe los documentos preceptivos.

6. ¿Suspenderá la tramitación del procedimiento las cuestiones incidentales que se susciten en el mismo?

a) No.

b) Sí.

c) No, salvo las que se refieran a la nulidad de actuaciones.

d) No, incluso las relativas a la recusación no se suspenderán.

7. Señala cuál de las siguientes no podrá adoptarse como medidas provisionales en un procedimiento administrativo:

a) Embargo preventivo de bienes.

b) Inmovilización de cosa mueble.

c) Retirada o intervención de bienes productivos.

d) Suspensión definitiva de actividades.

8. El interesado en el procedimiento administrativo tiene derecho:

a) A formular alegaciones y a utilizar los medios de defensa admitidos por el Ordenamiento Jurídico en cualquier fase del procedimiento.

b) A formular alegaciones, a utilizar los medios de defensa admitidos por el Ordenamiento Jurídico, y a aportar documentos en cualquier fase del procedimiento anterior al trámite de audiencia.

c) A formular alegaciones y a utilizar los medios de defensa admitidos por el Ordenamiento Jurídico en cualquier fase del procedimiento, pero solo podrá aportar documentos con posterioridad al trámite de audiencia.

d) A formular alegaciones y a utilizar los medios de defensa admitidos por el Ordenamiento Jurídico en cualquier fase del procedimiento anterior al dictado de la resolución por la que se pone fin al procedimiento.

9. Contra el acuerdo de acumulación de procedimientos:

a) Cabe recurso de revisión.
b) Cabe recurso extraordinario de revisión.
c) No cabe recurso alguno.
d) Cabe recurso de alzada.

10. Los procedimientos administrativos que no tengan naturaleza sancionadora se podrán iniciar:

a) Por acuerdo del órgano competente o a petición razonada de otros órganos.
b) Por acuerdo del órgano competente, bien por propia iniciativa o como consecuencia de orden superior, a petición razonada de otros órganos o por denuncia.
c) Por denuncia solamente.
d) De oficio siempre.

11. Cuando el procedimiento se iniciara por una denuncia en la que se invocara un perjuicio en el patrimonio de las Administraciones Públicas:

a) La no iniciación del procedimiento deberá ser motivada y se notificará a los denunciantes la decisión de si se ha iniciado o no el procedimiento.
b) La iniciación del procedimiento deberá ser motivada y no se notificará a los denunciantes, si el instructor lo considera oportuno.
c) La no iniciación del procedimiento quedará a la decisión del instructor, sin necesidad de motivarla, salvo a petición del denunciante.
d) La no iniciación del procedimiento nunca deberá ser motivada.

12. Los interesados podrán solicitar el inicio de un procedimiento de responsabilidad patrimonial:

a) Siempre.
b) Dentro de los cuatro años siguientes a aquel en que se produjo el acto que motiva la indemnización.
c) Si así se dispone por sentencia.
d) Cuando no haya prescrito su derecho a reclamar.

13. El plazo de subsanación de la solicitud de iniciación del procedimiento podrá ampliarse prudencialmente, cuando la aportación de los documentos requeridos presente dificultades especiales:

a) Hasta cinco días.
b) Hasta diez días.
c) Hasta quince días.
d) Siempre por diez días más.

14. En los procedimientos de naturaleza sancionadora, ¿cuál de los siguientes no es un derecho de los presuntos responsables?

a) A ser notificado de la identidad del instructor.
b) A saber quién es la autoridad competente para imponer la sanción.
c) A ser informado de sus derechos procesales penales.
d) A ser notificado de los hechos que se le imputen.

15. ¿Hay presunción de existencia de responsabilidad administrativa mientras no se demuestre lo contrario?

a) Sí, salvo excepciones.
b) Nunca.
c) Solo en los procedimientos de naturaleza sancionadora.
d) Siempre.

En MADTEST tienes **más preguntas de este tema**, y todos tus avances quedan registrados y se reflejan en el ranking.

¡Supera tus límites con MADTEST!

Solución al test n.º 16

1. c) En cualquier momento.

2. a) Dentro de los quince días siguientes a su adopción, pudiendo ser recurrido.

3. d) Quedarán sin efecto.

4. c) Siempre de oficio.

5. d) Se le dará un plazo de diez días para que subsane la falta o acompañe los documentos preceptivos.

6. a) No.

7. d) Suspensión definitiva de actividades.

8. b) A formular alegaciones, a utilizar los medios de defensa admitidos por el Ordenamiento Jurídico, y a aportar documentos en cualquier fase del procedimiento anterior al trámite de audiencia.

9. c) No cabe recurso alguno.

10. b) Por acuerdo del órgano competente, bien por propia iniciativa o como consecuencia de orden superior, a petición razonada de otros órganos o por denuncia.

11. a) La no iniciación del procedimiento deberá ser motivada y se notificará a los denunciantes la decisión de si se ha iniciado o no el procedimiento.

12. d) Cuando no haya prescrito su derecho a reclamar.

13. a) Hasta cinco días.

14. c) A ser informado de sus derechos procesales penales.

15. b) Nunca.

El procedimiento administrativo III: De la revisión de los actos en vía administrativa; revisión de oficio. Los recursos administrativos: objeto y clases

1. La revisión de las disposiciones dictadas por las Administraciones Públicas en vía administrativa supone:

a) La anulabilidad de los actos y disposiciones siempre que no hayan sido recurridos en plazo.

b) La estimación de las reclamaciones efectuadas por los particulares cuando haya transcurrido el plazo sin que se hubiera dictado la resolución correspondiente.

c) La declaración de oficio de la nulidad de los actos administrativos que pongan fin a la vía administrativa.

d) La posibilidad de que la nulidad de los actos administrativos sea declarada mediante dictamen del Consejo de Estado u órgano consultivo equivalente de la Comunidad Autónoma.

2. Transcurridos seis meses desde que la Administración inició de oficio el procedimiento de revisión de una disposición administrativa o un acto nulo, sin dictarse resolución, se producirá:

a) La prescripción del derecho del interesado a reclamar.

b) La nulidad *ipso iure* de la disposición o acto.

c) La desestimación de la pretensión ejercitada en el mismo.

d) La caducidad del procedimiento.

3. En los procedimientos de revisión de disposiciones administrativas y actos nulos, no será preceptiva la intervención del Consejo de Estado u órgano equivalente de la Comunidad Autónoma:

a) Cuando la nulidad sea declarada de oficio pero a instancias de interesado.

b) Para acordar motivadamente la inadmisión a trámite de las solicitudes formuladas por los interesados, siempre que no se basen en una nulidad de pleno derecho.

c) En los supuestos en que la nulidad dimane de una vulneración de normas de rango superior.

d) Para acordar motivadamente la inadmisión a trámite de las solicitudes formuladas por los interesados en cualquier caso.

4. Cuando una disposición administrativa haya sido declarada nula, el particular afectado por el acto en cuestión:

a) Tendrá derecho a ser indemnizado, siempre que el daño causado sea efectivo, evaluable, individualizado y no hubiera tenido el deber jurídico de soportarlo.

b) Será indemnizado, si en la resolución que así lo declare se reconoce ese derecho.

c) No será indemnizado en ningún caso, pues subsisten las consecuencias de los actos firmes dictados en aplicación de la misma.

d) Deberá ser indemnizado en todo caso y por el simple hecho de la declaración de nulidad, pues al serle aplicada una norma manifiestamente ilegal, el perjuicio o daño se presume.

5. El plazo para declarar de oficio la nulidad de los actos administrativos que hayan puesto fin a la vía administrativa o que no hayan sido recurridos en su momento oportuno, es:

a) De seis meses.

b) De cuatro años.

c) De cuatro años para los que no hayan sido recurridos en plazo e indefinidamente para los que pongan fin a la vía administrativa.

d) *Sine die*, es decir, no existe plazo alguno para ello.

6. La declaración de lesividad de los actos administrativos favorables a los interesados:

a) Supone la nulidad automática de los mismos, sin necesidad de recabar dictamen del Consejo de Estado u órgano consultivo equivalente de la Comunidad Autónoma.

b) Reconoce el derecho de los particulares a ser indemnizados como consecuencia de los daños y perjuicios que les haya causado la aplicación de los actos declarados nulos.

c) Permite a las Administraciones Públicas impugnar ante la Jurisdicción Contencioso-Administrativa dichos actos.

d) Es la Resolución por la que se declara la anulabilidad de los mismos.

7. Los actos administrativos con defectos de forma pero con los requisitos formales indispensables para alcanzar su fin, sin causar indefensión de los interesados:

a) Serán declarados lesivos para el interés público si ha beneficiado al interesado o interesados.

b) Son anulables, previa declaración de lesividad y el dictamen favorable del Consejo de Estado u órgano consultivo equivalente de la Comunidad Autónoma.

c) Son nulos de pleno derecho.

d) No son anulables, por lo general.

8. La lesividad de un acto administrativo podrá declararse:

a) A los cuatro años desde su dictado.
b) Antes de los seis meses desde que se dictó.
c) Cuatro años después de conocido el vicio que lo invalida.
d) En cualquier momento.

9. El transcurso del plazo previsto para la resolución del procedimiento en el que se declare la lesividad del acto, sin haberse acordado la misma, supone:

a) La anulabilidad del acto administrativo.
b) La nulidad del acto administrativo.
c) La firmeza del acto administrativo.
d) La caducidad del procedimiento administrativo.

10. La competencia para declarar la lesividad de un acto emanado de una entidad de las que integran la Administración Local corresponde:

a) Al Alcalde de la Corporación.
b) Al Pleno de la Corporación.
c) Al órgano individual superior de la Corporación.
d) Al Consejo de Estado u órgano consultivo equivalente de la Comunidad Autónoma.

11. La suspensión de la ejecución de los actos administrativos sobre los que se haya iniciado un procedimiento de revisión de oficio se podrá acordar:

a) Siempre, cuando así discrecionalmente lo decida la Administración.
b) En ningún caso, pues no es posible su suspensión.
c) Cuando así lo solicite el interesado, previo aval que garantice las responsabilidades que se pudieran derivar.
d) Si se pudieran causar perjuicios de imposible o difícil reparación.

12. Los errores materiales, de hecho o aritméticos existentes en los actos administrativos podrán ser rectificados:

a) Siempre que no haya transcurrido el plazo de prescripción.
b) En cualquier momento.
c) Cuando no constituya exención o dispensa contraria a la ley.
d) Si no atenta contra la igualdad, el interés público o el ordenamiento jurídico.

13. No es un límite al ejercicio de las facultades de revisión de actos administrativos expresamente previsto en la Ley 39/2015, de 1 de octubre:

a) El interés público.
b) La equidad.

c) La buena fe.

d) Los derechos de los ciudadanos.

14. La competencia para la revisión de oficio de las disposiciones y de actos nulos y anulables dictados por los Secretarios de Estado de la Administración General la ostenta:

a) El Consejo de Ministros.

b) El máximo órgano rector colegiado del Ministerio al que se encuentren adscritos.

c) Ellos mismos.

d) El Ministro del que dependan.

15. ¿Qué recurso o recursos se pueden oponer contra los actos administrativos de trámite que no se encuentren afectos de nulidad ni anulabilidad?

a) Alzada.

b) Reposición.

c) Ninguno, sin perjuicio de alegar el defecto que corresponda al recurrir contra la resolución que ponga fin al procedimiento, en su caso.

d) Alzada y potestativo de reposición.

En MADTEST tienes **más preguntas de este tema**, y todos tus avances quedan registrados y se reflejan en el ranking.

¡Supera tus límites con MADTEST!

Solución al test n.º 17

1. c) La declaración de oficio de la nulidad de los actos administrativos que pongan fin a la vía administrativa.

2. d) La caducidad del procedimiento.

3. b) Para acordar motivadamente la inadmisión a trámite de las solicitudes formuladas por los interesados, siempre que no se basen en una nulidad de pleno derecho.

4. a) Tendrá derecho a ser indemnizado, siempre que el daño causado sea efectivo, evaluable, individualizado y no hubiera tenido el deber jurídico de soportarlo.

5. d) Sine die, es decir, no existe plazo alguno para ello.

6. c) Permite a las Administraciones Públicas impugnar ante la Jurisdicción Contencioso Administrativa dichos actos.

7. d) No son anulables, por lo general.

8. a) A los cuatro años desde su dictado.

9. d) La caducidad del procedimiento administrativo.

10. b) Al Pleno de la Corporación.

11. d) Si se pudieran causar perjuicios de imposible o difícil reparación.

12. b) En cualquier momento.

13. a) El interés público.

14. d) El Ministro del que dependan.

15. c) Ninguno, sin perjuicio de alegar el defecto que corresponda al recurrir contra la resolución que ponga fin al procedimiento, en su caso.

Ley 40/2015, de 1 de octubre, de Régimen jurídico del Sector Público I. Objeto, Ámbito subjetivo, Principios Generales. De los órganos administrativos. (arts. 1 a 14). Abstención y recusación (arts. 23 a 24)

1. Según el artículo 9 de la Ley 40/2015, de 1 de octubre, de Régimen Jurídico del Sector Público, la delegación de competencias:

a) Será revocable en cualquier momento por el órgano que la haya conferido.
b) Es irrevocable.
c) Será revocable solo por el Consejo de Gobierno.
d) Será revocable solo por el Consejo de Ministros.

2. De acuerdo con el artículo 3 de la Ley 40/2015, de 1 de octubre, de Régimen Jurídico del Sector Público, ¿cuáles son los principios de actuación de las Administraciones Públicas?

a) Jerarquía, cooperación, descentralización, desconcentración y colaboración.
b) Eficacia, desconcentración, jerarquía, descentralización y cooperación.
c) Coordinación, descentralización, jerarquía, eficacia y desconcentración.
d) Cooperación, jerarquía, descentralización, eficiencia y servicio a los ciudadanos.

3. ¿Qué principios deberán respetar en su actuación las Administraciones Públicas, conforme al artículo 3 de la Ley 40/2015, de 1 de octubre, de Régimen Jurídico del Sector Público?

a) Los de buena fe y confianza legítima.
b) Los de eficiencia y servicio a los ciudadanos.
c) Participación, objetividad y transparencia de la actuación administrativa.
d) Los de transparencia y participación.

4. ¿Qué principios deberán respetar en sus relaciones las Administraciones Públicas?

a) Buena fe, confianza legítima y lealtad institucional.
b) Los de eficiencia y servicio a los ciudadanos.

c) Los de transparencia y participación.
d) Los de cooperación y colaboración.

5. Las Administraciones Públicas se relacionarán entre sí y con sus órganos, organismos públicos y entidades vinculados o dependientes, conforme al artículo 3.2 de la Ley 40/2015, de 1 de octubre, de Régimen Jurídico del Sector Público:

a) A través de medios electrónicos.
b) A través de medios electrónicos, que aseguren la interoperabilidad y seguridad de los sistemas y soluciones adoptadas por cada una de ellas garantizando la protección de los datos de carácter personal, y facilitando preferentemente la prestación conjunta de servicios a los interesados.
c) Directamente y sin dilación garantizando la protección de los datos de carácter personal, y facilitarán preferentemente la prestación conjunta de servicios a los interesados.
d) Preferentemente a través de medios electrónicos, que aseguren la prestación conjunta de servicios a los interesados.

6. ¿Cuál de las siguientes respuestas es correcta, de acuerdo con lo dispuesto en el artículo 3.4 de la Ley 40/2015, de 1 de octubre, de Régimen Jurídico del Sector Público?

a) Cada Administración Pública actúa para el cumplimiento de sus fines con personalidad jurídica única.
b) Las Administraciones Públicas se configuran como órganos territoriales.
c) Las Administraciones Públicas están integradas por entes locales.
d) Cada Administración instrumental actúa para el cumplimiento de sus fines con personalidad jurídica única.

7. Conforme a lo dispuesto en el artículo 5.3 de la Ley 40/2015, de 1 de octubre, de Régimen Jurídico del Sector Público, ¿qué requisito, de los siguientes, debe cumplirse para la creación de cualquier órgano administrativo?

a) Determinar su forma de descentralización en la Administración Pública de que se trate.
b) Fijar los objetivos de interés común a cumplir.
c) La dotación de los créditos necesarios para su puesta en marcha y funcionamiento.
d) Deben cumplirse todos los requisitos anteriores.

8. De acuerdo con lo dispuesto en el artículo 8.1 de la Ley 40/2015, de 1 de octubre, de Régimen Jurídico del Sector Público, ¿cómo es la competencia que ejerce un órgano administrativo que la tenga atribuida como propia?

a) Es compartida con el órgano de superior jerarquía.
b) Es irrenunciable.
c) Es renunciable ante el órgano superior del mismo ente.
d) Es renunciable ante el órgano superior del mismo ente, a través de la técnica de la avocación.

9. Señala la respuesta correcta. De acuerdo con lo dispuesto en el artículo 8 de la Ley 40/2015, de 1 de octubre, de Régimen Jurídico del Sector Público:

a) Se pueden crear órganos que supongan duplicación de otros ya existentes.

b) La delegación de firma y la suplencia supone alteración de la titularidad de la competencia.

c) La encomienda de gestión supone alteración de la titularidad de la competencia.

d) Salvo los casos de avocación o delegación la competencia es irrenunciable.

10. Señala la respuesta correcta. Según el artículo 9 de la Ley 40/2015, de 1 de octubre, de Régimen Jurídico del Sector Público:

a) Los órganos de las diferentes Administraciones Públicas no podrán delegar el ejercicio de competencias que tengan atribuidas en otros órganos de la misma Administración, aun cuando no sean jerárquicamente dependientes.

b) No podrán ser objeto de delegación las competencias relativas a asuntos que se refieran a las relaciones con las Asambleas Legislativas de las Comunidades Autónomas.

c) Se podrán delegar las competencias relativas a asuntos que se refieran a las relaciones con las Cortes Generales.

d) Podrá ser objeto de delegación la resolución de recursos en los órganos administrativos que hayan dictado los actos objeto de recurso.

11. A tenor de lo dispuesto en el artículo 9.3 de la Ley 40/2015, de 1 de octubre, de Régimen Jurídico del Sector Público, ¿dónde deberán publicarse la delegación de competencias y su revocación?

a) En el Boletín Oficial del Estado, siempre.

b) En el Diario Oficial de la Comunidad Autónoma.

c) En el Diario Oficial de la Provincia.

d) El medio de publicación dependerá de la Administración a que pertenezca el órgano delegante y el ámbito territorial de competencia de este.

12. Señala la respuesta correcta. Conforme a lo dispuesto en el artículo 9 de la Ley 40/2015, de 1 de octubre, de Régimen Jurídico del Sector Público:

a) La delegación será revocable en cualquier momento por el órgano que la haya conferido.

b) Las resoluciones administrativas que se adopten por delegación se considerarán dictadas por el órgano delegado.

c) Salvo autorización expresa de un Reglamento, no podrán delegarse competencias que se ejerzan por delegación.

d) La delegación será revocable en cualquier momento por el órgano que la haya aceptado.

13. ¿Cuál de las respuestas referidas a la avocación es correcta, teniendo en cuenta lo dispuesto en el artículo 10 de la Ley 40/2015, de 1 de octubre, de Régimen Jurídico del Sector Público?

a) La avocación se realizará mediante acuerdo motivado que deberá ser notificado a los interesados, si los hubiere, con anterioridad a la incoación del procedimiento.

b) Contra el acuerdo de avocación solo cabrá el recurso de alzada.

c) La avocación se realizará mediante acuerdo motivado que deberá ser notificado a los interesados, si los hubiere, con anterioridad a la resolución final que se dicte.

d) Contra el acuerdo de avocación solo cabrá el recurso de reposición.

14. De acuerdo con el artículo 11 de la Ley 40/2015, de 1 de octubre, de Régimen Jurídico del Sector Público, ¿qué supone la encomienda de gestión?

a) Supone cesión de elementos sustantivos de la competencia.

b) Supone cesión de titularidad de la competencia.

c) Supone la avocación del órgano superior, que la podrá ejercer cuando lo estime oportuno.

d) Supone cesión de la realización de actividades de carácter material o técnico de la competencia de los órganos administrativos.

15. A tenor de lo dispuesto en el artículo 11.3. b) de la Ley 40/2015, de 1 de octubre, de Régimen Jurídico del Sector Público, ¿qué ocurre cuando la encomienda de gestión se realice entre órganos de distintas Administraciones?

a) Se formalizará en la forma que normativamente se establezca.

b) Se formalizará mediante firma del correspondiente convenio entre ellas.

c) Se formalizará mediante firma del correspondiente contrato administrativo entre ellas.

d) Se formalizará mediante firma del correspondiente concierto entre ellas.

En MADTEST tienes **más preguntas de este tema**, y todos tus avances quedan registrados y se reflejan en el ranking.

¡Supera tus límites con MADTEST!

Solución al test n.º 18

1. a) Será revocable en cualquier momento por el órgano que la haya conferido.

2. c) Coordinación, descentralización, jerarquía, eficacia y desconcentración.

3. c) Participación, objetividad y transparencia de la actuación administrativa.

4. a) Buena fe, confianza legítima y lealtad institucional.

5. b) A través de medios electrónicos, que aseguren la interoperabilidad y seguridad de los sistemas y soluciones adoptadas por cada una de ellas, garantizando la protección de los datos de carácter personal, y facilitando preferentemente la prestación conjunta de servicios a los interesados.

6. a) Cada Administración Pública actúa para el cumplimiento de sus fines con personalidad jurídica única.

7. c) La dotación de los créditos necesarios para su puesta en marcha y funcionamiento.

8. b) Es irrenunciable.

9. d) Salvo los casos de avocación o delegación la competencia es irrenunciable.

10. b) No podrán ser objeto de delegación las competencias relativas a asuntos que se refieran a las relaciones con las Asambleas Legislativas de las Comunidades Autónomas.

11. d) El medio de publicación dependerá de la Administración a que pertenezca el órgano delegante y el ámbito territorial de competencia de este.

12. a) La delegación será revocable en cualquier momento por el órgano que la haya conferido.

13. c) La avocación se realizará mediante acuerdo motivado que deberá ser notificado a los interesados, si los hubiere, con anterioridad a la resolución final que se dicte.

14. d) Supone cesión de la realización de actividades de carácter material o técnico de la competencia de los órganos administrativos.

15. b) Se formalizará mediante firma del correspondiente convenio entre ellas.

Real Decreto Legislativo 5/2015 de 30 de octubre por el que se aprueba el texto refundido de la ley del Estatuto Básico del Empleado Público. Título I Objeto y Ámbito de Aplicación. Título II El Personal al Servicio de las Administraciones Públicas. Título III Derechos y Deberes. Código de Conducta de los Empleados Públicos (arts. 1 a 54)

1. Los empleados públicos tienen el siguiente derecho individual en correspondencia con la naturaleza jurídica de su relación de servicio:

a) A la libertad sindical.

b) A la negociación colectiva y a la participación en la determinación de las condiciones de trabajo.

c) A la progresión en la carrera profesional y promoción interna según principios constitucionales de igualdad, mérito y capacidad mediante la implantación de sistemas objetivos y transparentes de evaluación.

d) Al planteamiento de conflictos colectivos de trabajo, de acuerdo con la legislación aplicable en cada caso.

2. Los empleados públicos tienen el siguiente derecho individual que se ejerce de forma colectiva:

a) A la libertad sindical.

b) Al desempeño efectivo de las funciones o tareas propias de su condición profesional y de acuerdo con la progresión alcanzada en su carrera profesional.

c) A la progresión en la carrera profesional y promoción interna según principios constitucionales de igualdad, mérito y capacidad mediante la implantación de sistemas objetivos y transparentes de evaluación.

d) A percibir las retribuciones y las indemnizaciones por razón del servicio.

3. Los empleados públicos tienen el siguiente derecho individual que se ejerce de forma colectiva:

a) A participar en la consecución de los objetivos atribuidos a la unidad donde presten sus servicios y a ser informados por sus superiores de las tareas a desarrollar.

b) A la defensa jurídica y protección de la Administración Pública en los procedimientos que se sigan ante cualquier orden jurisdiccional como consecuencia del ejercicio legítimo de sus funciones o cargos públicos.

c) A la formación continua y a la actualización permanente de sus conocimientos y capacidades profesionales, preferentemente en horario laboral.

d) Al planteamiento de conflictos colectivos de trabajo, de acuerdo con la legislación aplicable en cada caso.

4. Los empleados públicos tienen el siguiente derecho de carácter individual en correspondencia con la naturaleza jurídica de su relación de servicio:

a) A la libertad sindical.

b)Al respeto de su intimidad, orientación e identidad sexual, expresión de género, características sexuales, propia imagen y dignidad en el trabajo, especialmente frente al acoso sexual y por razón de sexo, de orientación e identidad sexual, expresión de género o características sexuales, moral y laboral.

c) Al ejercicio de la huelga, con la garantía del mantenimiento de los servicios esenciales de la comunidad.

d) Al de reunión, en los términos establecidos en el artículo 46 del Estatuto Básico del Empleado Público.

5. La carrera profesional es:

a) El conjunto ordenado de oportunidades de ascenso y expectativas de progreso profesional conforme a los principios de igualdad, mérito y capacidad.

b) El conjunto ordenado de oportunidades de ascenso y expectativas de progreso profesional conforme a los principios de transparencia, objetividad, imparcialidad y no discriminación y se aplicarán sin menoscabo de los derechos de los empleados públicos.

c) El conjunto ordenado de oportunidades de ascenso y expectativas de progreso profesional conforme a los principios de igualdad, mérito y capacidad así como los contemplados en el artículo 55.2 del Estatuto Básico del Empleado Público.

d) El conjunto ordenado de oportunidades de ascenso y expectativas de progreso profesional conforme a los principios de transparencia, objetividad, imparcialidad y no discriminación y se aplicarán sin menoscabo de los derechos de los empleados públicos así como los contemplados en el artículo 55.2 del Estatuto Básico del Empleado Público.

6. Las Administraciones Públicas, al objeto de la carrera profesional de sus funcionarios de carrera promoverán la actualización y perfeccionamiento de:

a) La carrera horizontal.

b) La carrera vertical.

c) La promoción interna vertical.
d) La cualificación profesional.

7. El ascenso desde un cuerpo o escala de un Subgrupo, o Grupo de clasificación profesional en el supuesto de que este no tenga Subgrupo, a otro superior, de acuerdo con lo establecido en el artículo 18, se denomina en el Estatuto Básico del Empleado Público:

a) Carrera horizontal.
b) Carrera vertical.
c) Promoción interna vertical.
d) Promoción interna horizontal.

8. El ascenso en la estructura de puestos de trabajo por los procedimientos de provisión establecidos en el Capítulo III del Título V del Estatuto, se denomina en el Estatuto Básico del Empleado Público:

a) Carrera horizontal.
b) Carrera vertical.
c) Promoción interna vertical.
d) Promoción interna horizontal.

9. La progresión de grado, categoría, escalón u otros conceptos análogos, sin necesidad de cambiar de puesto de trabajo y de conformidad con lo establecido en la letra b) del artículo 17 y en el apartado 3 del artículo 20 del Estatuto, se denomina en el Estatuto Básico del Empleado Público:

a) Carrera horizontal.
b) Carrera vertical.
c) Promoción interna vertical.
d) Promoción interna horizontal.

10. El acceso a cuerpos o escalas del mismo Subgrupo profesional, de acuerdo con lo dispuesto en el artículo 18, se denomina en el Estatuto Básico del Empleado Público:

a) Carrera horizontal.
b) Carrera vertical.
c) Promoción interna vertical.
d) Promoción interna horizontal.

11. Las leyes de Función Pública que se dicten en desarrollo del Estatuto Básico del Empleado Público podrán regular la carrera horizontal de los funcionarios de carrera, para lo que:

a) Se articulará un sistema de grados, categorías o escalones de ascenso fijándose la remuneración global de ellos y los ascensos serán consecutivos con carácter general.
b) Se articulará un sistema de grados, categorías o escalones de ascenso fijándose la remuneración a cada uno de ellos y los ascensos serán consecutivos con carácter general.

c) Se articulará un sistema de grados, categorías o escalones de ascenso fijándose la remuneración a cada uno de ellos y los ascensos serán consecutivos con carácter excepcional.

d) Se articulará un sistema de grados, categorías o escalones de ascenso fijándose la remuneración a cada uno de ellos y los ascensos serán discontinuos con carácter general.

12. Las leyes de Función Pública que se dicten en desarrollo del Estatuto Básico del Empleado Público podrán regular la carrera horizontal de los funcionarios de carrera, para lo que, según el artículo 17.b):

a) Se deberá valorar los grados, categorías o escalones de ascenso, la calidad de los trabajos realizados, los conocimientos adquiridos y el resultado de la evaluación del desempeño, pudiéndose incluir asimismo otros méritos y aptitudes por razón de la especificidad de la función desarrollada y la experiencia adquirida.

b) Se deberá valorar la trayectoria y actuación profesional, la calidad de los trabajos realizados, los conocimientos adquiridos y el resultado de la evaluación del desempeño, pudiéndose incluir asimismo los grados, categorías o escalones de ascenso de la función desarrollada y la experiencia adquirida.

c) Se deberá valorar la trayectoria y actuación profesional, la calidad de los trabajos realizados, los conocimientos adquiridos y el resultado de la evaluación del desempeño, pudiéndose incluir asimismo otros méritos y aptitudes por razón de la especificidad de la función desarrollada y la experiencia adquirida.

d) Se deberá valorar la trayectoria y actuación profesional, los grados, categorías o escalones de ascenso y el resultado de la evaluación del desempeño, pudiéndose incluir asimismo otros méritos y aptitudes por razón de la especificidad de la función desarrollada y la experiencia adquirida.

13. La promoción interna de los funcionarios públicos se realizará mediante procesos selectivos que garanticen el cumplimiento de los principios constitucionales de:

a) Publicidad de las convocatorias y de sus bases.
b) Transparencia.
c) Igualdad, mérito y capacidad.
d) Independencia y discrecionalidad técnica en la actuación de los órganos de selección.

14. Los funcionarios podrán participar en la promoción interna siempre que posean los requisitos exigidos para el ingreso y tener una antigüedad de al menos:

a) Un año de servicio activo en el inferior Subgrupo, o Grupo de clasificación profesional, en el supuesto de que este no tenga Subgrupo.

b) Dos años de servicio activo en el inferior Subgrupo, o Grupo de clasificación profesional, en el supuesto de que este no tenga Subgrupo.

c) Tres años de servicio activo en el inferior Subgrupo, o Grupo de clasificación profesional, en el supuesto de que este no tenga Subgrupo.

d) Cuatro años de servicio activo en el inferior Subgrupo, o Grupo de clasificación profesional, en el supuesto de que este no tenga Subgrupo.

15. La carrera profesional y la promoción del personal laboral se hará efectiva a través de los procedimientos previstos:

a) En el Estatuto de los Trabajadores o en los convenios colectivos.
b) En el Estatuto Básico del Empleado Público o en los convenios colectivos.
c) En el Estatuto de los Trabajadores o en el Estatuto Básico del Empleado Público.
d) En los convenios colectivos.

En MADTEST tienes **más preguntas de este tema**, y todos tus avances quedan registrados y se reflejan en el ranking.

¡Supera tus límites con MADTEST!

Solución al test n.º 19

1. c) A la progresión en la carrera profesional y promoción interna según principios constitucionales de igualdad, mérito y capacidad mediante la implantación de sistemas objetivos y transparentes de evaluación.

2. a) A la libertad sindical.

3. d) Al planteamiento de conflictos colectivos de trabajo, de acuerdo con la legislación aplicable en cada caso.

4. b) Al respeto de su intimidad, orientación e identidad sexual, expresión de género, características sexuales, propia imagen y dignidad en el trabajo, especialmente frente al acoso sexual y por razón de sexo, de orientación e identidad sexual, expresión de género o características sexuales, moral y laboral.

5. a) El conjunto ordenado de oportunidades de ascenso y expectativas de progreso profesional conforme a los principios de igualdad, mérito y capacidad.

6. d) La cualificación profesional.

7. c) Promoción interna vertical.

8. b) Carrera vertical.

9. a) Carrera horizontal.

10. d) Promoción interna horizontal.

11. b) Se articulará un sistema de grados, categorías o escalones de ascenso fijándose la remuneración a cada uno de ellos y los ascensos serán consecutivos con carácter general.

12. c) Se deberá valorar la trayectoria y actuación profesional, la calidad de los trabajos realizados, los conocimientos adquiridos y el resultado de la evaluación del desempeño, pudiéndose incluir asimismo otros méritos y aptitudes por razón de la especificidad de la función desarrollada y la experiencia adquirida.

13. c) Igualdad, mérito y capacidad.

14. b) Dos años de servicio activo en el inferior Subgrupo, o Grupo de clasificación profesional, en el supuesto de que este no tenga Subgrupo.

15. a) En el Estatuto de los Trabajadores o en los convenios colectivos.

Real Decreto Legislativo 5/2015 de 30 de octubre por el que se aprueba el texto refundido de la ley del Estatuto Básico del Empleado Público. Título VI. Situaciones administrativas, Título VII Régimen disciplinario (arts. 85 a 98)

1. ¿Cuál de las siguientes no es una situación administrativa de los funcionarios administrativos?

a) Funcionario interino.
b) Servicio activo.
c) Excedencia.
d) Suspensión de funciones.

2. Las leyes de Función Pública que se dicten en desarrollo del Estatuto Básico del Empleado Público podrán regular otras situaciones administrativas de los funcionarios de carrera, en los supuestos, en las condiciones y con los efectos que en las mismas se determinen, cuando concurra, entre otras, alguna de las circunstancias siguientes:

a) Cuando por razones organizativas, de reestructuración interna o exceso de personal, resulte una imposibilidad transitoria de asignar un puesto de trabajo o la conveniencia de incentivar la cesación en el servicio activo.

b) Cuando los funcionarios accedan, bien por promoción interna o por otros sistemas de acceso, a otros cuerpos o escalas y no les corresponda quedar en alguna de las situaciones previstas en este Estatuto, y cuando pasen a prestar servicios en organismos o entidades del sector público en régimen distinto al de funcionario de carrera.

c) Dicha regulación, según la situación administrativa de que se trate, podrá conllevar garantías de índole retributiva o imponer derechos u obligaciones en relación con el reingreso al servicio activo.

d) Cuando el funcionario pase a formar parte de la plantilla de personal laboral de la Administración Pública.

3. Quienes, conforme a la normativa de función pública dictada en desarrollo del Estatuto Básico del Empleado Público, presten servicios en su condición de funcionarios públicos cualquiera que sea la Administración u organismo público o entidad en el que se encuentren destinados y no les corresponda quedar en otra situación, se encuentran:

a) En servicio activo.
b) En servicios especiales.
c) En servicio en otras Administraciones Públicas.
d) En excedencia.

4. Cuando los funcionarios sean designados miembros del Gobierno o de los órganos de gobierno de las comunidades autónomas y ciudades de Ceuta y Melilla, miembros de las Instituciones de la Unión Europea o de las organizaciones internacionales, o sean nombrados altos cargos de las citadas Administraciones Públicas o Instituciones, estarán:

a) En servicio activo.
b) En servicios especiales.
c) En servicio en otras Administraciones Públicas.
d) En excedencia.

5. Cuando los funcionarios sean nombrados para desempeñar puestos o cargos en organismos públicos o entidades, dependientes o vinculados a las Administraciones Públicas que, de conformidad con lo que establezca la respectiva Administración Pública, estén asimilados en su rango administrativo a altos cargos, serán:

a) En servicio activo.
b) En servicios especiales.
c) En servicio en otras Administraciones Públicas.
d) En excedencia.

6. Quedará privado durante el tiempo de permanencia en la misma del ejercicio de sus funciones y de todos los derechos inherentes a la condición, el funcionario que se encuentre en situación de:

a) Servicio activo.
b) Excedencia.
c) Suspensión de funciones.
d) Servicios especiales.

7. Los funcionarios que se encuentren en situación de servicios especiales:

a) Percibirán las retribuciones del puesto o cargo que desempeñen y no las que les correspondan como funcionarios de carrera.
b) Percibirán las retribuciones que les correspondan como funcionarios de carrera.

c) No percibirán los trienios que tienen reconocidos durante el tiempo de servicio especial.

d) El tiempo que permanezcan en tal situación no se les puede computar a efectos de ascensos.

8. Se considerarán funcionarios en servicio activo:

a) Los funcionarios de carrera.

b) Los funcionarios que accedan a la condición de Diputado o Senador de las Cortes Generales o miembros de las asambleas legislativas de las comunidades autónomas si perciben retribuciones periódicas por la realización de la función.

c) Los funcionarios que sean autorizados para realizar una misión por periodo determinado superior a seis meses en organismos internacionales, gobiernos o entidades públicas extranjeras o en programas de cooperación internacional.

d) Los funcionarios que sean designados para formar parte del Consejo General del Poder Judicial o de los consejos de justicia de las comunidades autónomas.

9. Cuando un funcionario se encuentre en situación de servicios especiales:

a) No percibirá retribución alguna.

b) No se computará dicho periodo para promoción interna.

c) Tendrá derecho, al menos, a reingresar al servicio activo en la misma localidad, en las condiciones y con las retribuciones correspondientes a la categoría, nivel o escalón de la carrera consolidados, de acuerdo con el sistema de carrera administrativa vigente en la Administración Pública a la que pertenezcan.

d) Percibirá las retribuciones que le correspondan como funcionario de carrera, así como los trienios reconocidos.

10. Los funcionarios públicos que hayan sido nombrados miembros del Poder Judicial:

a) Recibirán el mismo tratamiento en consolidación del grado que tenían durante este periodo de servicio especial.

b) Recibirán el tratamiento en consolidación del grado que tenían antes de acceder a ser miembro del Poder Judicial.

c) Recibirán el mismo tratamiento en la consolidación del grado y conjunto de complementos que se establezca para quienes hayan sido directores generales y otros cargos superiores de la correspondiente Administración Pública.

d) Recibirán el mismo tratamiento en la consolidación del grado que se establezca para quienes hayan sido directores generales y otros cargos superiores de la correspondiente Administración Pública, pero no en el conjunto de complementos.

11. Los funcionarios de carrera que, en virtud de los procesos de transferencias o por los procedimientos de provisión de puestos de trabajo, obtengan destino en una Administración Pública distinta, serán declarados:

a) En situación de servicio activo.

b) En situación de servicio especial.

c) Es situación de servicio en otras Administraciones Públicas.

d) En situación de excedencia.

12. Los funcionarios transferidos a las Comunidades Autónomas:

a) Se integran plenamente en la organización de la Función Pública de las mismas, hallándose en la situación de servicio activo en la Función Pública de la comunidad autónoma en la que se integran.

b) No se integran en la organización de la Función Pública de las mismas, siguen formando parte de la Unidad de la que provienen.

c) Se consideran en situación de servicios especiales.

d) No parten de los derechos económicos inherentes a la posición en la carrera que hubieran adquirido anteriormente.

13. Indica la respuesta incorrecta. Los funcionarios que reingresen al servicio activo en la Administración de origen, procedentes de la situación de servicio en otras Administraciones Públicas:

a) Tendrán reconocido el tiempo de servicio en la Administración Pública en la que estén destinados y se les computará como de servicio activo en su cuerpo o escala de origen.

b) Obtendrán el reconocimiento profesional de los progresos alcanzados en el sistema de carrera profesional y sus efectos sobre la posición retributiva conforme al procedimiento previsto en los convenios de Conferencia Sectorial y demás instrumentos de colaboración que establecen medidas de movilidad interadministrativa.

c) No podrán regresar en servicio activo al cuerpo o escala de origen.

d) En su caso, la Administración Pública en la que se produce el reingreso podrá reconocer los progresos profesionales alcanzados.

14. ¿Cuál de las siguientes no es una excedencia contemplada en el artículo 89.1 del Estatuto Básico del Empleado Público para los funcionarios de carrera?

a) Excedencia voluntaria por interés particular.

b) Excedencia voluntaria por interés general.

c) Excedencia por cuidado de familiares.

d) Excedencia por razón de violencia terrorista.

15. Los funcionarios de carrera podrán obtener la excedencia voluntaria por interés particular:

a) Cuando hayan prestado servicios efectivos en cualquiera de las Administraciones Públicas durante un periodo mínimo de dos años inmediatamente anteriores.

b) Cuando hayan prestado servicios efectivos en cualquiera de las Administraciones Públicas durante un periodo mínimo de cinco años inmediatamente anteriores.

c) Cuando hayan prestado servicios efectivos en cualquiera de las Administraciones Públicas durante un periodo mínimo de diez años inmediatamente anteriores.

d) Cuando hayan prestado servicios efectivos en cualquiera de las Administraciones Públicas durante un periodo mínimo de quince años inmediatamente anteriores.

En MADTEST tienes **más preguntas de este tema**, y todos tus avances quedan registrados y se reflejan en el ranking.

¡Supera tus límites con MADTEST!

Solución al test n.º 20

1. a) Funcionario interino.

2. d) Cuando el funcionario pase a formar parte de la plantilla de personal laboral de la Administración Pública.

3. a) En servicio activo.

4. b) En servicios especiales.

5. b) En servicios especiales.

6. c) Suspensión de funciones.

7. a) Percibirán las retribuciones del puesto o cargo que desempeñen y no las que les correspondan como funcionarios de carrera.

8. a) Los funcionarios de carrera.

9. c) Tendrá derecho, al menos, a reingresar al servicio activo en la misma localidad, en las condiciones y con las retribuciones correspondientes a la categoría, nivel o escalón de la carrera consolidados, de acuerdo con el sistema de carrera administrativa vigente en la Administración Pública a la que pertenezcan.

10. c) Recibirán el mismo tratamiento en la consolidación del grado y conjunto de complementos que se establezca para quienes hayan sido directores generales y otros cargos superiores de la correspondiente Administración Pública.

11. c) Es situación de servicio en otras Administraciones Públicas.

12. a) Se integran plenamente en la organización de la Función Pública de las mismas, hallándose en la situación de servicio activo en la Función Pública de la comunidad autónoma en la que se integran.

13. c) No podrán regresar en servicio activo al cuerpo o escala de origen.

14. b) Excedencia voluntaria por interés general.

15. b) Cuando hayan prestado servicios efectivos en cualquiera de las Administraciones Públicas durante un periodo mínimo de cinco años inmediatamente anteriores.

RDL 2/2004, de 5 de marzo, por el que se aprueba el texto refundido de la Ley Reguladora de las Haciendas Locales. Título VI: Presupuesto y gasto público. Capítulo I, De los Presupuestos (art 162 a 193 bis) y Capítulo IV, Control y fiscalización Contabilidad (arts. 213 a 223)

1. El Presupuesto, con respecto a los gastos, es un/una:

a) Previsión.
b) Límite mínimo.
c) Límite cuantitativo.
d) Cálculo aproximado.

2. Las obligaciones reconocidas y los derechos liquidados se aplicarán a los Presupuestos:

a) Por su importe íntegro.
b) En ningún supuesto.
c) Minorándose.
d) Nada de lo anterior es cierto.

3. Las estimaciones de los distintos recursos económicos a liquidar durante el ejercicio se contienen en/en el:

a) Estado de Ingresos.
b) Estado de previsión de gastos e ingresos.
c) Estado de Gastos.
d) Ninguno de ellos.

4. Por su parte, los créditos necesarios para atender el cumplimiento de las obligaciones ordinarias se contienen en/en el:

a) Estado de Ingresos.
b) Plan de Inversión.
c) Estado de Gastos.
d) Todos los anteriores.

5. El Plan de Inversiones de una Corporación debe coordinarse con el/los:

a) Planes de Etapas del Planeamiento Urbanístico.
b) Programa Financiero o de Financiación.
c) Planes de Inversiones de la Comunidad Autónoma.
d) Las respuestas a) y b) son ciertas.

6. El Plan de Inversiones de una Corporación debe completarse con el/los:

a) Programa de Actuación del Planeamiento Urbanístico.
b) Planes de Etapas del citado Planeamiento.
c) Planes de Inversión autonómicos.
d) Programa Financiero o de Financiación.

7. El Plan de Inversiones de una Corporación se formula por un plazo de:

a) Ocho años.
b) Un año, prorrogable uno más.
c) Cuatro años.
d) Dos años.

8. El Plan de Inversiones de una Corporación se revisa con carácter:

a) Trimestral.
b) Anual.
c) Bianual.
d) Semestral.

9. Del Plan de Inversiones se da cuenta, en un Municipio de régimen común, al/a la:

a) Junta de Gobierno Local, al comienzo de cada ejercicio.
b) Pleno coincidiendo con la aprobación del Presupuesto.
c) Alcalde, cada mes.
d) Opinión pública, al finalizar el mandato de la Corporación.

10. Con la revisión anual del Plan de Inversiones en un Municipio de régimen común:

a) Se liquida el mismo con carácter definitivo.
b) Se le añade un nuevo ejercicio a sus previsiones.
c) Censura la gestión de la Corporación.
d) Nada de lo anterior es correcto.

11. Los Presupuestos que se integran en el Presupuesto General de la Corporación deberán aprobarse:

a) Separadamente de este.
b) Con déficit equilibrado.

c) Sin déficit inicial.
d) Por el Alcalde.

12. La estructura de los Presupuestos de las Corporaciones Locales se fija por el:

a) Presidente de las mismas.
b) Ministerio de Hacienda.
c) Pleno de ellas.
d) Interventor General de Fondos respectivo.

13. A efectos de su aprobación, el Presidente de la Corporación remitirá al Pleno de la misma el proyecto de Presupuesto:

a) Antes del 15 de octubre del año anterior al en que va a regir.
b) Al finalizar el ejercicio económico anterior.
c) Cuando se lo demande el propio Pleno.
d) El primer día hábil del mes de enero del ejercicio económico al que se refiera.

14. La formación del Proyecto de Presupuesto, en un Municipio de régimen común, es competencia del:

a) Pleno de la Corporación.
b) Presidente de la misma.
c) Interventor General de Fondos.
d) Tesorero.

15. El plazo de exposición al público de un Presupuesto, tras su aprobación inicial es de:

a) Treinta días hábiles.
b) Quince días hábiles.
c) Quince días naturales.
d) Un mes.

En MADTEST tienes **más preguntas de este tema**, y todos tus avances quedan registrados y se reflejan en el ranking.

¡Supera tus límites con MADTEST!

Solución al test n.º 21

1. c) Límite cuantitativo.

2. a) Por su importe íntegro.

3. a) Estado de Ingresos.

4. c) Estado de Gastos.

5. a) Planes de Etapas del Planeamiento Urbanístico.

6. d) Programa Financiero o de Financiación.

7. c) Cuatro años.

8. b) Anual.

9. b) Pleno coincidiendo con la aprobación del Presupuesto.

10. b) Se le añade un nuevo ejercicio a sus previsiones.

11. c) Sin déficit inicial.

12. b) Ministerio de Hacienda.

13. a) Antes del 15 de octubre del año anterior en que va a regir.

14. b) Presidente de la misma.

15. b) Quince días hábiles.

Ley 9/2017, de 8 de noviembre, de Contratos del Sector Público: Título Preliminar. Disposiciones generales Capítulo I. Objeto y ámbito de aplicación de la Ley, Objeto y ámbito de aplicación de la ley: objeto y finalidad, ámbito subjetivo de aplicación (art. 1 a 3); negocios y contratos excluidos (art. 4 a 11) y Capítulo II. Contratos del sector público calificación de los contratos (arts. 12 a 27)

1. La contratación administrativa en el sector público viene regulada por:

a) La Ley 9/2017, de 8 de noviembre.
b) La Ley 6/2017, de 24 de octubre.
c) La Ley 3/2017, de 27 de junio.
d) La Ley 4/2017, de 25 de septiembre.

2. Están incluidos en el ámbito de la Ley de Contratos del Sector Público:

a) La relación de servicio de los funcionarios públicos y los contratos regulados en la legislación laboral.
b) Las relaciones jurídicas consistentes en la prestación de un servicio público cuya utilización por los usuarios requiera el abono de una tarifa, tasa o precio público de aplicación general.
c) Los contratos relativos a servicios de arbitraje y conciliación.
d) Los contratos onerosos, cualquiera que sea su naturaleza jurídica, que celebren las Mutuas de Accidentes de Trabajo y Enfermedades Profesionales de la Seguridad Social.

3. Los contratos que tienen por objeto la adquisición, el arrendamiento financiero, o el arrendamiento, con o sin opción de compra, de productos o bienes muebles, son:

a) Contratos de servicios.
b) Contratos de suministro.
c) Contratos de obras.
d) Contratos de gestión de servicios públicos.

4. No se consideran contratos de suministros:

a) Aquellos en los que el empresario se obligue a entregar una pluralidad de bienes de forma sucesiva y por precio unitario sin que la cuantía total se defina con exactitud al tiempo de celebrar el contrato, por estar subordinadas las entregas a las necesidades del adquirente.

b) Los que tengan por objeto la adquisición y el arrendamiento de equipos y sistemas de telecomunicaciones o para el tratamiento de la información, sus dispositivos y programas, y la cesión del derecho de uso de estos últimos.

c) Los de adquisición de programas de ordenador desarrollados a medida.

d) Los de fabricación, por los que la cosa o cosas que hayan de ser entregadas por el empresario deban ser elaboradas con arreglo a características peculiares fijadas previamente por la entidad contratante, aun cuando esta se obligue a aportar, total o parcialmente, los materiales precisos.

5. Están sujetos a regulación armonizada los contratos de obras y los contratos de concesión de obras públicas cuyo valor estimado sea igual o superior a:

a) 5.538.000 euros.
b) 6.581.000 euros.
c) 8.615.000 euros.
d) 1.861.000 euros.

6. Están sujetos a regulación armonizada los contratos de suministro adjudicados por la Administración General del Estado, sus organismos autónomos, o las Entidades Gestoras y Servicios Comunes de la Seguridad Social, cuyo valor estimado sea igual o superior a:

a) 5.538.000 euros.
b) 143.000 euros.
c) 221.000 euros.
d) 80.000 euros.

7. De los siguientes, son contratos privados los contratos celebrados por una Administración Pública que tengan por objeto:

a) La suscripción a revistas, publicaciones periódicas y bases de datos.
b) La concesión de servicios públicos.
c) Los contratos de colaboración entre el sector público y el sector privado.
d) La adquisición de suministros.

8. Conforme al artículo 1.3 de la Ley 9/2017, siempre que guarde relación con el objeto del contrato, en toda contratación pública se incorporarán de manera transversal y preceptiva criterios sociales y:

a) Divulgativos.
b) Comunitarios.

c) Medioambientales.
d) Judiciales.

9. Conforme al artículo 3.4 de la Ley 9/2017, los partidos políticos, cuando cumplan los requisitos para ser poder adjudicador y respecto de los contratos sujetos a regulación armonizada, deberán actuar conforme a los principios de publicidad, concurrencia, transparencia, igualdad y:

a) No discriminación.
b) Eficacia.
c) Sometimiento a las leyes.
d) Legitimidad.

10. En virtud de la Ley 9/2017 (art. 6.1.a), se presumirá que las entidades intervinientes en un convenio tienen vocación de mercado cuando realicen en el mercado abierto un porcentaje de las actividades objeto de colaboración igual o superior a:

a) El 10%.
b) El 20%.
c) El 50%.
d) El 30%.

11. Un conjunto de trabajos de construcción o de ingeniería civil, destinado a cumplir por sí mismo una función económica o técnica, que tenga por objeto un bien inmueble, es denominado por la Ley 9/2017:

a) Una infraestructura.
b) Patrimonio material.
c) Una obra.
d) Un servicio público.

12. En un contrato de concesión de obras, cuando no esté garantizado que, en condiciones normales de funcionamiento, el concesionario vaya a recuperar las inversiones realizadas ni a cubrir los costes en que hubiera incurrido como consecuencia de la explotación de las obras que sean objeto de la concesión, se considerará que el mismo asume un riesgo:

a) Operacional.
b) Virtual.
c) General.
d) Provisional.

13. Los contratos que tengan por objeto la adquisición de energía primaria o energía transformada se consideran:

a) Contratos de concesión de servicios.
b) Contratos de suministros.

c) Contratos privados.

d) Contratos de servicios.

14. Deberá elaborarse un proyecto y tramitarse como la Ley 9/2017 dispone para los contratos de obras, el contrato mixto en que un elemento del contrato sea una obra y esta supere:

a) Los 50.000 euros.

b) Los 100.000 euros.

c) Los 5.000 euros.

d) Los 10.000 euros.

15. No podrán ser objeto de los contratos de servicios:

a) Los que impliquen ejercicio de la autoridad inherente a los poderes públicos.

b) Los que impliquen el desarrollo o mantenimiento de aplicaciones informáticas.

c) Los que tengan por objeto el desarrollo y la puesta a disposición de productos protegidos por un derecho de propiedad intelectual o industrial.

d) Los que tengan por objeto la prestación de actividades docentes en centros del sector público desarrolladas en forma de cursos de formación o perfeccionamiento del personal al servicio de la Administración.

En MADTEST tienes **más preguntas de este tema**, y todos tus avances quedan registrados y se reflejan en el ranking.

¡Supera tus límites con MADTEST!

Solución al test n.º 22

1. a) La Ley 9/2017, de 8 de noviembre.

2. d) Los contratos onerosos, cualquiera que sea su naturaleza jurídica, que celebren las Mutuas de Accidentes de Trabajo y Enfermedades Profesionales de la Seguridad Social.

3. b) Contratos de suministro.

4. c) Los de adquisición de programas de ordenador desarrollados a medida.

5. a) 5.538.000 euros.

6. b) 143.000 euros.

7. a) La suscripción a revistas, publicaciones periódicas y bases de datos.

8. c) Medioambientales.

9. a) No discriminación.

10. b) El 20%.

11. c) Una obra.

12. a) Operacional.

13. b) Contratos de suministros.

14. a) Los 50.000 euros.

15. a) Los que impliquen ejercicio de la autoridad inherente a los poderes públicos.

Atención al público. Atención de personas con discapacidad. Servicio de información administrativa. Información y participación ciudadana. Iniciativas. Reclamaciones. Quejas. Peticiones

1. Indica qué palabra falta en la siguiente frase: "Según el artículo 9 de la Constitución Española, corresponde a los poderes públicos .... las condiciones para que la libertad y la igualdad del individuo y de los grupos en que se integra sean reales y efectivas; remover los obstáculos que impidan o dificulten su plenitud y facilitar la participación de todos los ciudadanos en la vida política, económica, cultural y social":

a) Impulsar.
b) Proporcionar.
c) Materializar.
d) Promover.

2. Según el artículo 51 de la Constitución, los poderes públicos promoverán la información y la educación de los consumidores y usuarios, fomentarán sus organizaciones y oirán a éstas en las cuestiones que puedan afectar a aquellos:

a) En los términos que la ley establezca.
b) En los términos que reglamentariamente se establezca.
c) En los términos que disponga una ley orgánica.
d) Con arreglo a lo dispuesto en su legislación específica.

3. Cualquier ciudadano podrá recabar la tutela de las libertades y derechos reconocidos en el artículo 14 de la Constitución y la Sección primera del Capítulo segundo ante los Tribunales ordinarios por un procedimiento basado en los principios de preferencia y:

a) Urgencia.
b) Sumariedad.
c) Amparo.
d) Universalidad.

4. Según el artículo 105 de la Constitución, la Ley regulará el acceso de los ciudadanos a los archivos y registros administrativos, salvo en lo que afecte a (señalar la opción incorrecta):

a) La seguridad y defensa del Estado.
b) La averiguación de los delitos.
c) La intimidad de las personas.
d) La organización de la Administración Pública.

5. En el caso de usuarios de la Administración Pública con un perfil hablador, se recomienda el siguiente trato:

a) Tratarles en reservado.
b) Encauzarles en el tema.
c) Permanecer impasibles.
d) Adulación.

6. Es una característica del ciudadano-cliente presuntuoso:

a) Preguntar mucho.
b) Prefieren escuchar.
c) Van directamente al asunto.
d) Creen saberlo todo.

7. Es el proceso mental consistente en seleccionar, organizar e interpretar información con la finalidad de darle un significado:

a) La expectación.
b) El pensamiento.
c) La percepción.
d) La subjetividad.

8. La capacidad de la entidad para ejecutar el servicio en las condiciones de derecho anunciadas y prometidas, es lo que se conoce como:

a) Fiabilidad.
b) Rectitud.
c) Calidad.
d) Excelencia.

9. Manera de comportarse de la gente cuando está hostil, pero no lo sacan a relucir:

a) Comportamiento pasivo.
b) Comportamiento agresivo.

c) Comportamiento pasivo-agresivo.
d) Comportamiento asertivo.

10. La retroalimentación en la comunicación también se conoce como:

a) *Feedback*.
b) *Feeling*.
c) Simbiosis.
d) Fenómeno eco.

11. ¿Cuál de las palabras siguientes define el fenómeno eco en la comunicación?

a) Transferencia.
b) Retroalimentación.
c) Feeling.
d) Reformulación.

12. Cuando la comunicación va dirigida a un grupo sin precisar nombres de personas, se dice que es una comunicación:

a) Informal.
b) Intrapersonal.
c) Genérica.
d) Vertical.

13. Cualquiera que sea el origen de una reclamación, el objetivo a alcanzar por el empleado de la Administración es:

a) La prevalencia del criterio de la Administración.
b) La satisfacción del ciudadano.
c) Disminuir la tensión.
d) La rapidez en la gestión.

14. Para disminuir la tensión en el trato con un cliente enfadado es recomendable:

a) Sentirse personalmente afectado, pero evitando la responsabilidad.
b) No entrar en discusión.
c) Dar la impresión de no estar afectados y de que no nos concierne.
d) Hacerse oír, para que el cliente hable lo menos posible.

15. Modelo que se utiliza como referencia para la autoevaluación de las unidades administrativas:

a) Modelo EFQM de excelencia.
b) Modelo Harper y Linch.

c) Modelo BDP.
d) Modelo SENA.

En MADTEST tienes **más preguntas de este tema**, y todos tus avances quedan registrados y se reflejan en el ranking.

¡Supera tus límites con MADTEST!

Solución al test n.º 23

1. d) Promover.

2. a) En los términos que la ley establezca.

3. b) Sumariedad.

4. d) La organización de la Administración Pública.

5. b) Encauzarles en el tema.

6. d) Creen saberlo todo.

7. c) La percepción.

8. a) Fiabilidad.

9. c) Comportamiento pasivo-agresivo.

10. a) *Feedback*.

11. d) Reformulación.

12. c) Genérica.

13. b) La satisfacción del ciudadano.

14. b) No entrar en discusión.

15. a) Modelo EFQM de excelencia.

Concepto de documento, registro y archivo. Funciones del registro y del archivo. Clases de archivo y criterios de ordenación

1. Según el artículo 49.1 de la Ley 16/1985, de 25 de junio, del Patrimonio Histórico Español, se entiende por documento toda expresión en lenguaje natural o convencional y cualquier otra expresión gráfica, sonora o en imagen, recogidas en cualquier tipo de soporte material, incluso los soportes informáticos. Se excluyen:

a) Los obtenidos por medios audiovisuales.
b) Las expresiones iconográficas.
c) Los que no incorporen una referencia temporal del momento en que han sido emitidos.
d) Los ejemplares no originales de ediciones.

2. NO es una característica esencial del documento de archivo:

a) Seriación.
b) Uniformidad.
c) Objetividad.
d) Unicidad.

3. Es un componente interno del documento de archivo:

a) El autor.
b) La clase.
c) El formato.
d) El soporte.

4. Es un componente externo del documento de archivo:

a) La forma.
b) El contenido.
c) El origen funcional.
d) La fecha.

5. Los archivos de gestión contienen documentos de edad:

a) Histórica.
b) Intermedia.

c) Administrativa.
d) Secundaria.

6. ¿En qué edad del archivo de oficina predomina claramente el valor secundario?

a) Edad histórica.
b) Edad prearchivística.
c) Edad intermedia.
d) Edad administrativa.

7. Por su origen, diríamos que de los siguientes es un documento primario:

a) Thesaurus.
b) Manuscrito.
c) Catálogo colectivo.
d) Revista de sumarios.

8. Según el artículo 3 del Real Decreto 1465/1999, de 17 de septiembre, por el que se establecen criterios de imagen institucional y se regula la producción documental y el material impreso de la Administración General del Estado, todo documento que contenga actos administrativos, incluidos los de mero trámite, debe estar:

a) Referenciado.
b) Archivado.
c) Formalizado.
d) Catalogado.

9. Se entiende por documentos públicos administrativos los .... emitidos por los órganos de las Administraciones Públicas. Señala la palabra que completa correctamente la frase:

a) Válidamente.
b) Regularmente.
c) Legalmente.
d) Explícitamente.

10. Para ser considerados válidos, los documentos electrónicos deberán, entre otros requisitos, contener información de cualquier naturaleza archivada en un soporte electrónico según un formato determinado susceptible de identificación y:

a) Clasificación.
b) Catalogación.
c) Temporización.
d) Tratamiento diferenciado.

11. Los documentos electrónicos que se publiquen con carácter meramente informativo:

a) Requieren de firma electrónica, aunque no precisan identificar su origen.
b) Requieren de firma electrónica y de identificación de su origen.

c) No requieren de firma electrónica, aunque sí precisan identificar su origen.

d) No requieren de firma electrónica ni tampoco de identificar su origen.

12. La Administración General del Estado, las Comunidades Autónomas y las Entidades Locales podrán realizar copias auténticas:

a) Solo mediante funcionario habilitado.

b) Únicamente mediante actuación administrativa automatizada.

c) Mediante fotocopia compulsada por un funcionario de la Administración Pública.

d) Mediante funcionario habilitado o actuación administrativa automatizada.

13. En relación con las copias auténticas de documentos administrativos, es cierto que:

a) Las copias electrónicas de un documento electrónico original o de una copia electrónica auténtica deben mantener el mismo formato que el original.

b) Las copias electrónicas de documentos en soporte papel o en otro soporte no electrónico susceptible de digitalización, requerirán que el documento haya sido digitalizado y deberán incluir los metadatos que acrediten su condición de copia y que se visualicen al consultar el documento.

c) Las copias en soporte papel de documentos electrónicos deberán incluir los metadatos que acrediten su condición de copia.

d) Las copias en soporte papel de documentos originales emitidos en dicho soporte se proporcionarán siempre mediante una copia auténtica en papel del documento electrónico que se encuentre en poder de la Administración.

14. Conforme al artículo 59.1 de la Ley 16/1985, de 25 de junio, del Patrimonio Histórico Español, los archivos son conjuntos orgánicos de documentos, o la reunión de varios de ellos, reunidos por las personas jurídicas, públicas o privadas, en el ejercicio de sus actividades, al servicio de su utilización para la investigación, la cultura, la información y:

a) La docencia.

b) La gestión administrativa.

c) El estudio.

d) La gestión patrimonial.

15. No es una función del registro de documentos:

a) Conservar adecuadamente el documento.

b) Informar sobre el contenido del documento.

c) Dar constancia de la existencia o no de un documento.

d) Informar sobre el lugar donde se encuentra el documento.

En MADTEST tienes **más preguntas de este tema**, y todos tus avances quedan registrados y se reflejan en el ranking.

¡Supera tus límites con MADTEST!

Solución al test n.º 24

1. d) Los ejemplares no originales de ediciones.

2. b) Uniformidad.

3. a) El autor.

4. a) La forma.

5. c) Administrativa.

6. a) Edad histórica.

7. b) Manuscrito.

8. c) Formalizado.

9. a) Válidamente.

10. d) Tratamiento diferenciado.

11. c) No requieren de firma electrónica, aunque sí precisan identificar su origen.

12. d) Mediante funcionario habilitado o actuación administrativa automatizada.

13. b) Las copias electrónicas de documentos en soporte papel o en otro soporte no electrónico susceptible de digitalización, requerirán que el documento haya sido digitalizado y deberán incluir los metadatos que acrediten su condición de copia y que se visualicen al consultar el documento.

14. b) La gestión administrativa.

15. a) Conservar adecuadamente el documento.

Administración electrónica y servicios al ciudadano. La información administrativa. Análisis de principales páginas web de carácter público. Servicios telemáticos. Oficinas integradas de atención al ciudadano. La sede electrónica del Ayuntamiento de Las Palmas de Gran Canaria

1. Conforme al artículo 9.2 de la LPACAP, los interesados podrán identificarse electrónicamente ante las Administraciones Públicas a través de cualquier sistema que cuente con un registro previo como usuario que permita garantizar su:

a) Identidad.
b) Motivación.
c) Consentimiento.
d) Ubicación.

2. Según el artículo 155.1 de la LRJSP, cada Administración deberá facilitar el acceso de las restantes Administraciones Públicas a los datos relativos a los interesados que obren en su poder, especificando las condiciones, protocolos y criterios funcionales o técnicos necesarios para acceder a dichos datos con las máximas garantías de seguridad, integridad y:

a) Confidencialidad.
b) Transparencia.
c) Interoperabilidad.
d) Disponibilidad.

3. Según el artículo 13.g) de la LPACAP, quienes tienen capacidad de obrar ante las Administraciones Públicas, son titulares, en sus relaciones con ellas, del derecho a la obtención y utilización de:

a) Cualquier medio de identificación y firma electrónica.
b) Los medios de identificación y firma electrónica que tenga a su alcance.
c) Los medios de identificación y firma electrónica contemplados en esta ley.
d) Los medios de identificación y firma electrónica, cuando así corresponda legalmente.

4. Según el artículo 13.a) de la LPACAP, quienes tienen capacidad de obrar ante las Administraciones Públicas son titulares del derecho a comunicarse con estas a través de:

a) Un funcionario habilitado para representarles.
b) Una entidad sin personalidad jurídica.
c) Un Punto de Acceso específico electrónico de la Administración.
d) Un Punto de Acceso General electrónico de la Administración.

5. En relación con el tipo de comunicación del interesado con la Administración no es cierto que:

a) Las personas físicas puedan elegir en todo momento si se comunican con las Administraciones Públicas para el ejercicio de sus derechos y obligaciones a través de medios electrónicos o no, salvo que estén obligadas a relacionarse a través de medios electrónicos con las Administraciones Públicas.
b) Las Administraciones puedan establecer la obligación de relacionarse con ellas a través de medios electrónicos para determinados procedimientos y para ciertos colectivos de personas físicas.
c) Las personas jurídicas están obligadas a relacionarse a través de medios electrónicos con las Administraciones Públicas para la realización de cualquier trámite de un procedimiento administrativo.
d) El medio elegido por la persona para comunicarse con las Administraciones Públicas no puede ser modificado a lo largo del procedimiento.

6. No están obligados a relacionarse a través de medios electrónicos con las Administraciones Públicas para la realización de cualquier trámite de un procedimiento administrativo:

a) Las entidades sin personalidad jurídica.
b) Todo aquel que ostente la representación de un interesado.
c) Quienes ejerzan una actividad profesional para la que se requiera colegiación obligatoria, para los trámites y actuaciones que realicen con las Administraciones Públicas en ejercicio de dicha actividad profesional.
d) Las personas jurídicas.

7. Según el artículo 14 de la LPACAP, NO están obligados a relacionarse electrónicamente con las Administraciones Públicas para la realización de cualquier trámite de un procedimiento administrativo:

a) Los empleados de las Administraciones Públicas en toda relación con estas.
b) Los notarios, en el ejercicio de su actividad profesional.
c) Los registradores mercantiles, en el ejercicio de su actividad profesional.
d) Las entidades sin personalidad jurídica.

8. ¿Pueden las Administraciones Públicas establecer la obligación de relacionarse con ellas a través de medios electrónicos a otros colectivos distintos de los que la LPACAP menciona expresamente en su artículo 14.2?

a) No, solo podrá obligarse a los mencionados en dicho artículo.

b) También están obligados los colectivos de personas físicas que por su capacidad económica tengan acceso a los medios electrónicos necesarios.

c) Sí, para determinados procedimientos, si así se recoge expresamente en una ley.

d) Sí, podrá obligarse reglamentariamente para determinados procedimientos y para ciertos colectivos de personas físicas que, por razón de su capacidad económica, técnica, dedicación profesional u otros motivos quede acreditado que tienen acceso y disponibilidad de los medios electrónicos necesarios.

9. Conforme al artículo 9 de la LPACAP (en redacción dada por la Ley 11/2022, de 28 de junio), los interesados podrán identificarse electrónicamente ante las Administraciones Públicas a través de cualquier sistema que las Administraciones públicas consideren válido en los términos y condiciones que se establezca, siempre que cuenten con un registro previo como usuario que permita garantizar su identidad y previa comunicación a la Agencia Estatal de Administración Digital. De forma previa a la eficacia jurídica del sistema, habrá de transcurrir desde dicha comunicación el siguiente plazo, durante el cual el órgano estatal competente por motivos de seguridad pública podrá acudir a la vía jurisdiccional, previo informe vinculante de la Secretaría de Estado de Seguridad:

a) 1 mes.

b) 2 meses.

c) 3 meses.

d) 6 meses.

10. El Reglamento (UE) 910/2014 la define como "aquella firma electrónica que cumple con los siguientes requisitos: estar vinculada al firmante de manera única; permitir la identificación del firmante; haber sido creada utilizando datos de creación de la firma electrónica que el firmante puede utilizar, con un alto nivel de confianza, bajo su control exclusivo; estar vinculada con los datos firmados por la misma de modo tal que cualquier modificación ulterior de los mismos sea detectable". Se trata de la:

a) Firma electrónica reconocida.

b) Firma electrónica avanzada.

c) Firma electrónica certificada.

d) Firma electrónica cualificada.

11. Señala la palabra que falta, según el artículo 12.1 de la LPACAP. Las Administraciones Públicas deberán garantizar que los interesados pueden relacionarse con la Administración a través de medios electrónicos, para lo que pondrán a su disposición los .... de acceso que sean necesarios así como los sistemas y aplicaciones que en cada caso se determinen:

a) Portales.

b) Servidores.

c) Canales.
d) Códigos.

12. Una condición para que pueda realizarse válidamente la identificación o firma electrónica en el procedimiento administrativo del interesado por un funcionario público mediante el uso del sistema de firma electrónica del que esté dotado para ello, es que:

a) El interesado disponga de los medios electrónicos necesarios.
b) El interesado esté obligado a relacionarse con la Administración por medios electrónicos.
c) El interesado se identifique ante el funcionario y preste su consentimiento expreso para esta actuación.
d) El interesado sea una persona física o jurídica.

13. Según el artículo 36 de la LPACAP, los actos administrativos:

a) Podrán producirse por escrito a través de medios electrónicos.
b) Deberán producirse siempre por escrito a través de medios electrónicos.
c) Se producirán por escrito, a menos que el interesado exija otro medio de producción.
d) Deberán producirse por escrito a través de medios electrónicos, a menos que su naturaleza exija otra forma más adecuada de expresión y constancia.

14. En relación con el expediente administrativo, NO es cierto, conforme al artículo 70 de la LPACAP, que:

a) Deban tener formato electrónico.
b) Han de incluir la información que tenga carácter auxiliar o de apoyo.
c) En él ha de constar copia electrónica certificada de la resolución adoptada.
d) Ha de incluir un índice numerado de todos los documentos que contenga cuando se remita.

15. No es cierto, conforme al artículo 70.3 de la LPACAP, que, cuando en virtud de una norma sea preciso remitir el expediente electrónico, se enviará:

a) Por partes.
b) Foliado.
c) Autentificado.
d) Acompañado de un índice de los documentos que contenga.

En MADTEST tienes **más preguntas de este tema**, y todos tus avances quedan registrados y se reflejan en el ranking.

¡Supera tus límites con MADTEST!

Solución al test n.º 25

1. a) Identidad.

2. d) Disponibilidad.

3. c) Los medios de identificación y firma electrónica contemplados en esta ley.

4. d) Un Punto de Acceso General electrónico de la Administración.

5. d) El medio elegido por la persona para comunicarse con las Administraciones Públicas no puede ser modificado a lo largo del procedimiento.

6. b) Todo aquel que ostente la representación de un interesado.

7. a) Los empleados de las Administraciones Públicas en toda relación con estas.

8. d) Sí, podrá obligarse reglamentariamente para determinados procedimientos y para ciertos colectivos de personas físicas que, por razón de su capacidad económica, técnica, dedicación profesional u otros motivos quede acreditado que tienen acceso y disponibilidad de los medios electrónicos necesarios.

9. b) 2 meses.

10. b) Firma electrónica avanzada.

11. c) Canales.

12. c) El interesado se identifique ante el funcionario y preste su consentimiento expreso para esta actuación.

13. d) Deberán producirse por escrito a través de medios electrónicos, a menos que su naturaleza exija otra forma más adecuada de expresión y constancia.

14. b) Han de incluir la información que tenga carácter auxiliar o de apoyo.

15. a) Por partes.

Cómo acceder al Curso

Auxiliar Administrativo/a
Test del temario

El uso de los códigos **es exclusivo de los compradores de los productos de Editorial MAD**. Cada producto posee un código único y de un solo uso. Es personal e intransferible y da acceso a servicios y contenidos adicionales. Editorial MAD se reserva el derecho de hacer cuantas comprobaciones sean necesarias para identificar al legítimo poseedor del código y dejar de dar servicio a quien haga uso fraudulento del mismo, además de emprender cuantas acciones legales estime oportunas según la legislación vigente.

Deberás acceder a:

mad.es/registro-campus

Si una vez aceptadas las condiciones de uso del Campus decides hacer uso del mismo, necesitarás del siguiente código de acceso junto con los códigos del resto de títulos que se exigen (si fuera el caso):

LQHYA15T8C